外国人学汉语难点释疑

叶盼云　吴中伟　编著

北京语言大学出版社
BEIJING LANGUAGE AND CULTURE
UNIVERSITY PRESS

E版编目(CIP)数据

人学汉语难点释疑/叶盼云，吴中伟编著.

京：北京语言大学出版社，2008 重印

N 978 - 7 - 5619 - 0692 - 7

．外…

Ⅱ. ①叶…②吴…

Ⅲ. 对外汉语教学 - 教学参考资料

Ⅳ. H195.4

中国版本图书馆 CIP 数据核字（1999）第 00495 号

书　　名：外国人学汉语难点释疑
责任印制：陈　辉

出版发行：**北京语言大学出版社**
社　　址：北京市海淀区学院路 15 号　邮政编码 100083
网　　址：www.blcup.com
电　　话：发行部　82303650/3591/3651
　　　　　编辑部　82303647
　　　　　读者服务部　82303653/3908
　　　　　网上订购电话　82303668
　　　　　客户服务信箱　service@blcup.net
印　　刷：北京中科印刷有限公司
经　　销：全国新华书店

版　　次：1999 年 5 月第 1 版　2008 年 5 月第 6 次印刷
开　　本：850 毫米×1168 毫米　1/32　印张：10.625
字　　数：260 千字　印数：17001—20000 册
书　　号：ISBN 978 - 7 - 5619 - 0692 - 7 / H·9855
定　　价：21.00 元

凡有印装质量问题，本社负责调换。电话：82303590

《外国人学汉语难点释疑》

写给学习汉语的外国朋友们

亲爱的朋友：

在你学习汉语的时候，一定有很多问题：应该这样说还是那样说？什么时候这样说，什么时候那样说？为什么这样说，为什么那样说？……汉语和其他语言一样，到处都是问题。例如：

▲"参观"和"访问"的英文都是 visit，这两个词有区别吗？

▲为什么要说"一个月"，却不能说"一个年"、"一个天"？

▲什么时候说"他昨天来了"，什么时候说"他昨天来的"？

▲"我买的那束花儿，他很喜欢"，能不能说成"我买了那束花儿，他很喜欢"？

▲"只要努力学习，就能取得好成绩"，"只有努力学习，才能取得好成绩"，两句话意思一样吗？

▲为什么要用"把"字句？

…… ……

这些问题有的比较简单，有的比较难。我们相信，不但我们的学生有这样的问题，其他正在学习汉语的外国人一定也有类似的问题。所以，我们决定，把我们对这些问题的回答写下来，供更多的认识或不认识的朋友们参考。朋友们看完这本书，就可以知道上面这些问题的答案了。

我们不打算在这本书里谈语法理论，也不想用很多语法术语。书里的语言是非常简单的，很容易看懂。还用了一些图表、公式，可以帮助你理解、记忆。书后面有一个索引（index），可以利用索引来查找你的问题。在条目的前面，列出了"要点提示"，希望你注意避免说那些错误的句子。在大多数条目的最后，还有一些练习题，做完以后，可以看看后面的练习答案，检查一下自己做得对不对。

这本书里的问题都是初级、中级水平的。有些内容可能你已经学过了，不过，看一看这本书，你会理解得更清楚些。有些内容可能你还没接触到，不过，如果你继续学下去，你马上就会遇到这些问题的。

我们希望，这本书能成为你的不说话的辅导老师，她能帮助你更好地理解课堂上学到的东西，帮助你准备参加汉语水平考试（HSK），帮助你提高汉语水平。

读了这本书以后，如果你觉得书里有什么问题没讲清楚，或者还有什么问题书里没讲到，请来信告诉我们，我们将非常感谢。来信请寄：200433　上海　复旦大学国际文化交流学院　叶盼云/吴中伟

作者
1997 年 12 月

语法术语表

"把"字句	bǎzìjù	把 – sentence
"被"字句	bèizìjù	被 – sentence
宾语	bīnyǔ	Object
补语	bǔyǔ	Compliment
陈述句	chénshùjù	Declarative sentence
处所词语	chùsuǒ cíyǔ	Locative
重叠式	chóngdiéshì	Reduplication
存现句	cúnxiànjù	Existential sentence
代词	dàicí	Pronoun
"的"字结构	"de"zì jiégòu	的-phrase
定语	dìngyǔ	Attributive
动词	dòngcí	Verb
动量补语	dòngliàng bǔyǔ	Compliment of freqency
反复问	fǎnfùwèn	Affirmative-negative question
方位词	fāngwèicí	Noun of locality
否定	fǒudìng	Negative
副词	fùcí	Adverb
感叹句	gǎntànjù	Exclamatory sentence
关联词语	guānlián cíyǔ	Correlative word
话题	huàtí	Topic
兼语句	jiānyǔjù	Pivotal sentence
结果补语	jiéguǒ bǔyǔ	Compliment of result
介词	jiècí	Preposition
紧缩句	jǐnsuōjù	Contracted sentence
可能补语	kěnéng bǔyǔ	Compliment of potentiality

肯定	kěndìng	Affirmative
连词	liáncí	Conjunction
连动句	liándòngjù	Sentence with verbal constructions in series
量词	liàngcí	Measure word
名词	míngcí	Noun
能愿动词	néngyuàn dòngcí	Modal verb
祈使句	qíshǐjù	Imperative sentence
强调	qiángdiào	Emphasis
情态补语	qíngtài bǔyǔ	Compliment of comment
趋向补语	qūxiàng bǔyǔ	Compliment of drection
省略	shěnglüè	Ellipsis
是非问	shìfēiwèn	Yes-or-no question
时量补语	shíliàng bǔyǔ	Compliment of duration
数词	shùcí	Numeral
特指问	tèzhǐwèn	Wh-question
同位语	tóngwèiyǔ	Appositive phrase
谓语	wèiyǔ	Predicate
小句	xiǎojù	Clause
形容词	xíngróngcí	Adjective
选择问	xuǎnzéwèn	Alternative question
疑问句	yíwènjù	Interrogative sentence
主语	zhǔyǔ	Subject
助词	zhùcí	Particle
状语	zhuàngyǔ	Adverbial adjunct

目　录

1."先生"和"老师"

[要点提示]向别人介绍自己的老师的时候,不要说"他是我的先生"。

"先生"是对知识层次较高的人的称呼。一般大学的老师可以称作"先生",如:"王先生教我们汉语。"

"先生"也是社交场合中的礼貌用语。一般称女子为"太太"、"小姐"、"女士",称男子为"先生"。

"先生"也可以指自己或对方的丈夫,一般前面都要有人称代词。例如:

    (1)他是我先生。

    (2)你先生在哪儿工作?

如果向别人介绍自己的老师,一般不说"他是我的先生",那样容易引起误会,而应说:"他是我的老师。"

2."北方人"、"南方人"和"东方人"、"西方人"

[要点提示]"北方人"、"南方人"和"东方人"、"西方人"不是一回事

一个国家常常可以分成"北方"和"南方"。中国也一样。一般把长江北面的地方叫北方,南面的地方叫南方。因此就有了"北方人"、"南方人"的说法。在其他很多国家,也有"北方人"和"南方人"。但是,我们不能把一个国家里的人分成"东方人"、"西方人"。

我们说"东方人"、"西方人"的时候,是另外的意思:中国人、日本人、韩国人……都是东方人;美国人、英国人、法国人……都是西方人。

可以把一个国家分成"东部"和"西部"。如:中国东部沿海地区,西部内陆地区。但在中国,没有"东部人"和"西部人"的分别。

3."意思"有哪些意思?

[要点提示]"你(他)这是什么意思"是不满意和质问(zhìwèn bring sb. to account)对方的意思。

"意思"这个词在汉语中有很多种意思。

一、语言文字的含义或文章的思想内容。例如:

    (1)请你解释一下这个句子的意思。

    (2)这篇文章的意思你弄懂了没有?

二、指人的意见、愿望。例如:

    (3)A:这件事你问过王厂长了吗? 他是什么意思?

       B:我问过了。王厂长的意思是他不同意这么做。

    (4)我们有跟他们合作的意思,不知道他们是什么意思。

三、指情趣、趣味。例如:

    (5)星期天从早到晚呆在家里,太没意思了。

    (6)这个故事很有意思。

四、指礼品代表的心愿,可以用 ABAB 重叠形式,作动词用。例如:

    (7)这是我的一点小意思,请收下吧。

(8)这件事你想请他帮忙,一定要先给他意思意思。

五、表示事情有某种趋势(qūshì tendency)或苗头(miáo tou symptom of a trend)。例如:

(9)才过五月,已经有点儿夏天的意思了。

(10)我看王强对马兰有意思。(王强暗暗爱上了马兰)

六、对对方的言行不理解或不满意的时候,可以说"你(他)这是什么意思",是一种质问的口气,说的时候重音可以在"这",或者在"什么"上。请比较下面的例句和例句(3)(4)的不同用法。

(11)A:喂,你到底买不买,别站在这儿影响别人。

B:你这是什么意思,看看不可以吗?

(12)A:医生说要住院先得付两千元。

B:他这话是什么意思,总不能见死不救吧。

4."说"什么、"告诉"谁?

[要点提示]不能说:

※他说我一件事。

"说"和"告诉"的宾语不一样。

说 + 内容

告诉 + 人(+ 内容)

例如,"说":

(1)他说:"我早知道了。"

(2)他说他早知道了。

3

(3)他说过这件事。

(4)请你说一说这两个词的区别。

"告诉":

(5)他告诉我他早知道了。

(6)他告诉我一件事。

(7)他告诉过我。

比较:

(8)他告诉我一件事。

(9)※他说我一件事。

(10)他对/跟我说一件事。

"说"与"告诉"是近义词时,"说"的宾语不能是人,但我们可以用:"对/跟 + 人 + 说",相当于:"告诉 + 人。"

> 对/跟 + 人 + 说 ≈ 告诉 + 人

另外,可以说:"说说"、"说了说"、"说一说"、"说一下",但只能说:"告诉 + 人 + 一下儿",不能说:※"告诉告诉"、※"告诉了告诉"、※"告诉一告诉"。

"说"的宾语一定不可以是人吗?有时候好像也可以,例如:

(11)她常常迟到,老师说过她很多次,她还是老样子。

(12)这么晚了,我再不回去,我妈该说我了。

(11)、(12)里"说"的宾语是"她"、"我"。但这时"说"的意思是"责备(zébèi blame)、批评"的意思。

> 说(责备 批评) + 人

选择"说"或"告诉"填空:

(1)这件事请你别____他。

(2)你有什么困难就____我吧。

4

(3)你有什么困难就跟我＿＿＿吧。

(4)这孩子太不像话了,等他回家后我一定要好好儿＿＿＿他。

(5)他＿＿＿我他今年春节不想回去了。

5."参观"和"访问"

[要点提示]"参观"的对象是某个地方,"访问"的对象是人。

"参观"和"访问"都是 visit 的意思,但是它们不能随便替换。请看下面两组句子:

    (1)a. 上星期我们访问了一位老农民。

    b.※ 上星期我们参观了一位老农民。

    (2)a. 我想去参观那个图书馆。

    b.※ 我想去访问那个图书馆。

"参观"是实地观察,是去看某个地方和那个地方的各种东西;"访问"是在某个地方有目的地跟人交谈,它的对象是人。请比较:

    (3)a. 我们参观了复旦大学。

    b. 我们访问了复旦大学。

(3)a是说我们看了复旦大学的校园、教学楼、图书馆、学生宿舍、食堂等等地方。(3)b是说我们跟复旦大学的师生一起座谈,通过交谈了解复旦大学的情况。也可以说:"我们参观并访问了复旦大学"。

从提问的方法,我们也可以很清楚地分辨出"参观"和"访问"的不同用法。

    (4)a. 你们参观了哪些地方?

  b. 你们访问了谁(哪些人、什么人)?

  c. 你访问过哪些国家(城市)?

想一想,下面词组中"参观"和"访问"的不同用法。

参观工厂	访问工厂
参观农村	访问农村
参观展览会	访问朋友(老师)
参观博物馆	访问中国(上海、北京)
参观名胜古迹	访问一位有名的作家
参观杨浦大桥	
参观老师的家	
参观新建的电影院	

6."知道"、"认识"和"熟悉"

[**要点提示**]"知道某个人"不一定"认识某个人";"认识某个人"不
   一定"熟悉某个人"。

  "知道"的宾语是某个人、某个地方、某件事、某种东西。"知道
某人"是说你听说过某人的名字或有关他的一些情况,但是没见过
那个人。不说"很知道"、"知道知道"。

  "认识"的对象是某个人、某个地方、某种东西。"认识某人"是
你见过那个人或他的照片,知道那个人长的什么样子,也可能那个
人并不认识你。彼此见过面,互相就认识了。人们第一次见面时常
说"认识您我很高兴"。不能说"很认识",可以说"认识认识"。例如,

你给两位互不相识的人介绍的时候,可以说:"你们俩认识认识吧。"

"认识"还指分辨、识别事物的本质、特征、规律的能力,可以说"认识能力"。

"熟悉"是非常了解某个人、某个地方的情况。"熟悉"前后都可以用表示程度的副词。例如:"很熟悉"、"熟悉得很"。也可以说"熟悉熟悉"。例如:"你刚来,应该先熟悉熟悉这儿的情况。"还可以说"对<u>人</u>、情况很熟悉"。

所以"知道某个人"不一定"认识某个人","认识某个人"不一定"熟悉某个人"。从"知道"到"认识"再到"熟悉"必须经过一定时间的接触和交往。

用"知道"、"认识"或"熟悉"填空:

(1)你____新华电影院在哪儿吗?

(2)师傅,你____去新华电影院的路吗?

(3)你____去新华电影院怎么走吗?

(4)小强,你怎么不____我了,我是你叔叔啊!

(5)我们俩以前不____,只____对方的名字。现在我们俩非常____,是好朋友。

(6)我们俩____,但是互相不____。

7.“搞”和“弄”

[要点提示]可以根据“搞”和“弄”所带的不同宾语,知道它们所代表的动词的意义,并区分它们的不同用法。

"搞"和"弄"都有"做"的意思,都可以代替各种不同的动词。所带的宾语不同,动词的意义也不同。宾语很少是单音节的。

"搞"和"弄"相同的用法有:

一、设法得到。例如:

  (1)你从哪儿搞(弄)到了两张电影票?

  (2)肚子饿了,搞(弄)点儿什么吃的?

二、"搞"或"弄"+补语。充当补语的词语一般是"错"、"清楚"、"明白"、"乱七八糟"、"好"、"丢"、"成"、"通"、"出来"等等。例如:

  (3)对不起,我搞(弄)错了你们俩的名字。

  (4)我搞(弄)不清楚"了"的用法。

  (5)我把电影票搞(弄)丢了,怎么办?

  (6)你们怎么把房间搞(弄)成这个样子?

  (7)房间刚刚搞(弄)好,又被孩子们搞(弄)得乱七八糟。

  (8)事情到现在还没搞(弄)出个结果来。

用"搞"组成的词组及意义:

1. 搞工作:从事某种工作。例如:

  (1)他是搞古代文学的。

  (2)大家一起把环境卫生搞好。

2. 搞关系:拉关系。例如:

  这个人搞关系很有一套办法。

3. 搞好关系:处理好关系。例如:

  朋友间应该搞好关系。

4. 搞活动:组织活动。例如:

  每年四月,学校都搞一次教学活动。

5. 搞对象:找对象。例如:

  听说你搞上对象了?

6. 搞上去:使差的情况向好的方向发展。例如:

　　大家决心把生产搞上去。

7. 搞下去:继续做。例如:

　　试验虽然失败了,但还要搞下去。

8. 搞鬼:在背后做不光彩(bùguāngcǎi inglorious)的事。例如:

　　怎么自行车又没气了,是谁搞的鬼?

9. 搞花样:使事情出现好的或不好的变化。例如:

　　(1)他喜欢在晚会上搞些新花样,使晚会开得更加热闹。

　　(2)这个人卖东西很不老实,常常在分量上搞花样。

10. 搞定:事情决定了或问题解决了。例如:

　　房子的事到现在还没搞定。

用"弄"组成的词组及意义:

1. 用手摆弄或玩弄:弄花弄草、弄游戏机、弄着玩。

2. 做:弄饭、弄菜。

3. 想办法做:弄开。例如:瓶盖弄不开。

　　　　弄车。例如:他把自行车弄好了。

8."以为"和"认为"

[要点提示]"以为"更多用在推断的结果与事实不相符合的情况下。

　　"我认为今天不会下雨"和"我以为今天不会下雨"这两个句子

的意思一样吗?

"认为"和"以为"都可以表示对人或事物作出某种推断(tuīduàn infer;deduce)。上面两个句子都是推断今天不会下雨,但是"以为"更多用在推断的结果与事实不相符合的情况下,因此"我以为今天不会下雨"这句话还包含着发现自己的推断错了的意思,事实是已经下雨了或快要下雨了。"认为"则是客观地对人或事物有一个确定的看法或判断。比较下面的句子:

(1)原来你们俩认识啊,我以为你们是第一次见面呢。

(2)马丁,你也来了,我们都以为你已经回国了。

(3)(看到商品上印着 Made in China 后说)"我以为是进口的呢。"

(4)我认为这件事肯定不是张明干的。

(5)既然大家都这么认为,那我也同意你们的看法。

(6)你们认为应该怎么办,请各人谈谈自己的想法。

"认为"可以用被动句,"以为"前面不可以加"被"。例如:

(7)马丁被大家认为是学得最好的学生。

(8)他的话被认为是没有根据的。

用"以为"或"认为"填空:

(1)我____今天下午没有课,所以没去上课。

(2)你做的"好事"别____别人不知道。

(3)你为什么____这件事一定跟老王有关系?

(4)大家都____他的病治不好了,可是张医生却____还有治好的希望。

9. "了解"和"理解"

[**要点提示**]"了解"有知道得很清楚和打听、调查两种意思。"理解"是知道为什么会这样,含有"原谅"的意思。

"了解"有两个意思:

一、知道得很清楚。例如:

　　(1)他们俩早就认识了,彼此非常了解。

　　(2)他很了解中国的历史和文化。

　　(3)我们不了解事故发生的原因。

二、打听、调查。例如:

　　(4)请你了解一下最近的天气情况。

　　(5)去那儿了解了一天,什么情况都没了解到。

　　(6)医生应该及时了解病人的情况。

"理解"有"了解"的意思,但是没有"了解"的第二种用法。"理解"是通过判断、推理弄懂了、弄明白了为什么会这样。另外,在"了解"的基础上,还含有"原谅"的意思。"理解"的程度比"了解"更进一步。请比较下面两组句子:

　　(1)a.他很了解我。

　　　　b.他很理解我。

　　(2)a.我们应该互相了解。

　　　　b.我们应该互相理解。

(1)a 是说他非常清楚地知道我的情况(个人经历、习惯、爱好、思想等等)。

(1)b 是说因为他非常了解我,所以他很清楚地知道为什么我会这样想、这样说、这样做。

(2)a 是说双方认识以后,应该进一步知道对方的各种情况。比如了解对方想些什么、做些什么。

(2)b 是说在互相了解的基础上,彼此应该消除意见分歧(fēnqí dispute),互相尊重、互相原谅、友好相处。人们常说"理解万岁"而不说"了解万岁",正因为"理解"包含着"原谅"的意思。

对比一下"了解"和"理解"的不同使用方法。

	了　解	理　解
(1)	没有反义词	反义词是"误解"
(2)	了解了解	※ 理解理解
	了解一下	※ 理解一下
(3)	了解过<u>人</u>、事	※ 理解过<u>人</u>、事
(4)	进行了解	※ 进行理解
(5)	深入了解	※ 深入理解
	深刻了解	深刻理解
(6)	向<u>人</u>了解＿＿＿	※ 向人理解＿＿＿
(7)	了解得很清楚	理解得很正确
(8)	※ 了解错了	理解错了
(9)	※ 了解不了	理解不了
(10)	※ 对……表示了解	对……表示理解
(11)	※ 发生这样的事真不可了解	发生这样的事真不可理解
(12)	※ 得到(赢得)<u>人</u>的了解	得到(赢得)<u>人</u>的理解
(13)	了解了很长时间	※ 理解了很长时间
(14)	※ 了解(能)力强	理解(能)力强

12

用"了解"或"理解"填空：

(1)他们才认识了三个月,互相还不太_____。

(2)这件事我不能帮助你,希望你能_____。

(3)这些词语的意思差不多,我_____不了它们的区别。

(4)我真的不_____他有什么想法。

(5)我真的不_____为什么他有这样的想法。

10."变"、"变化"和"变成"

[要点提示]"变"表示性质、状态、情况和原来不同。"变化"表示事物在形态或本质上出现新的状况。"变成"一般用"A变成 B"的句式。

"变"是动词,表示性质、状态、情况和原来不同,后面常带补语,说明变的结果和状态。例如：

"变"+形容词+(了)

| 变好 | 变坏 | 变胖 | 变瘦 | 变黑 | 变白 |

变冷　变热　变酸　变宽　变老实　变聪明

变糊涂　变年轻　变热情　变漂亮　变勤快

"变"+得+形容词或词组

变得聪明了　变得很勤快　变得多么奇怪

变得像孩子一样　变得连我都不认识了　变得更方

便了　变得懂事了　变得越来越年轻了

"变"后面可以直接带名词宾语,大部分组成了固定的词语。

例如：

变味儿、变样儿、变调、变(颜)色、变脸、变天、变主意、变个法子、变心、变魔术等等。

"变"还可以说"变过来"或者"变过去"。

"变化"就是"变"的意思,更偏重事物在形态或本质上出现新的状况,有"改变"、"转变"的意思。上面用"变"组成的词组都不能用"变化"替换。但是在有些句子中用"变"或者"变化"都可以。例如:

(1)社会在变(化),人的思想也在变(化)。

(2)他的地位变(化)了,态度跟从前也不一样了。

(3)形势变(化)得太快了。

(4)他告诉我情况变(化)了。

(5)日程安排变(化)了好几次。

(6)这台游戏机可以变(化)出许多新花样。

"变化"后面很少直接带宾语。常用的句式有:发生变化、随……而变化、出现变化、起变化、正在变化、有(没有)变化等等。

"变化"作名词时,前面常有修饰或说明的词语。例如:

新(的)变化、很大(的)变化、有趣的变化、思想感情的变化、气候变化、物理变化、这(那)种变化等等。

"变化"还可以说"变化不定"、"变化多端"。

"变成"表示从一种性质或状态转变成另一种性质或状态。"成"是变的结果补语,一般用"A 变成 B"的句式。"变成"后面必须有说明"变"的结果的词语或词组。试比较:

(1)a.这条小路变宽了。

　　b.这条小路变成了宽阔的大路。

(2)a.他的头发变白了。

　　b.他的黑发变成了白发。

(3)a.他想让自己变得聪明起来。

　　b.他想让自己变成一个聪明的人。

14

(4)a.上海的晚上变得越来越明亮、越来越热闹了。

　　b.上海变成了一座不夜城。

_____

用"变"、"变化"或"变成"填空：

(1)几年不见，我_____了老太婆了，你却____了老头子了。

(2)小王，你的发型____了样了，真好看。

(3)你说说这几年学校有什么____。

(4)这鬼天气，说____就____。早上还是好好的，怎么会下这么大的雨？

11."表达"、"表示"和"表现"

_____

[**要点提示**]"表达"的宾语多指思想感情。"表示"的宾语多为态度、意见。"表现"是通过人的言行、作风和外貌，使人感受到人物的精神状态。

_____

　　"表达"是动词，是通过语言或文字把人的思想或情感说出来或写出来。"表达"还指运用语言文字的能力。例如：

(1)这首诗表达了诗人对生活的热爱。

(2)我无法用语言来表达对你们的感激之情。

(3)他的英语口语表达能力很强。

　　"表示"作动词时，宾语一般是说明态度、意见的词语。例如：

表示感谢	表示欢迎	表示满意	表示友好
表示关心	表示赞成	表示愿意	表示同意
表示反对	表示决心	表示观点	表示同情

15

人的态度或意见可以通过语言、动作、神情来表示,也可以通过特定的事物或符号表示特定的意思。A 表示 B。例如:

红色表示吉祥　　　点头(鼓掌)表示同意(肯定)

"＞"表示"大于"　　"P"表示可以停车的地方

也常用"对(向)＋人或事＋表示＋动词(态度)"的句型。例如:

(4)对你们的热情接待表示衷心的感谢。

(5)我对这件事的真实性表示怀疑。

(6)向你们表示歉意。

"表示"也可以作名词。例如:"高兴的表示"、"友好的表示"、"痛苦的表示"。

"表现"作动词时,是把内在深层的东西——人的品质、才能、精神、气概(qìgài spirit)、特点、修养、态度等显露(xiǎnlù become visible)出来。主要通过人的言行、作风和外貌,使人感受到人物的精神状态。"表现"后面常加上补语"出"、"得"、"在",说明表现出什么、表现得怎么样、表现在哪一方面。例如:

(7)他在同学面前,表现出虚心好学的样子。

(8)他在工作中表现得非常积极。

(9)内心的矛盾和痛苦没有表现在她的脸上。

"表现"还可以作名词。例如:"工作中的表现"、"生活水平提高的表现"、"不负责任的表现"、"××人的表现"。

另外,"表现"还有故意显示(xiǎnshì show)自己、炫耀(xuànyào show off)自己的意思。多为贬义。

用"表示"、"表达"或"表现"填空:

(1)他____以后一定要认认真真地工作。

(2)我的汉语水平还不太高,还不能正确地用汉语____我的意思。

(3)大家举手____通过了这项决议。

(4)老板认为王强____得很好,所以提升他当主任。

(5)这首诗____了诗人痛苦的心情。

(6)说比较容易,可是用文字____就比较困难。

12."建设"、"建造"和"建筑"

[**要点提示**]"建设"的宾语多为抽象意义的名词。

"建筑"多指土木工程的修建,有些用法跟"建造"不一样。

"建设"是创立新事业,增加新设施,使原有的组织机构或设备条件越来越完善(wánshàn perfect)。"建设"作动词时,宾语多为抽象意义的名词。例如:

建设国家　　建设城市　　建设家乡

建设水利工程　　建设社会主义

"建设"也可以作名词。例如:

经济建设　　思想建设　　基础建设

国防建设　　社会主义建设

上面的词组都不能替换成"建筑"和"建造"。

"建筑"和"建造"的宾语有的相同,有的不相同。例如:

A组:建筑或建造{高速公路　　南浦大桥

和平饭店　　东方明珠　　电影院

上海博物馆

B组:建造——工厂、学校、宾馆、车站、大船

"建筑"多指土木工程的修建,因此 B 组的词语不能用"建

17

筑"。

"建筑"还有一个特殊的句型:把 A 建筑在 B 之上。"A"和"B"一般都是抽象名词。句子多为贬义。例如:

(1)把自己的幸福建筑在别人的痛苦之上。

(2)把自己的享乐建筑在劳动人民的痛苦之上。

"建筑"还可以作名词,多指建筑物。例如:

土木建筑	古老的建筑	宏伟的建筑
高层建筑	建筑面积	建筑材料
违章建筑	建筑工程队	

13."感动"和"激动"

[要点提示]不能说"他的话激动了我"、"我听到一个感动人的消息"。

"感动"和"激动"都是因为受外界事物的影响而表现出思想感情的变化,都是表示心理活动的动词,都可以用"A 使 B 感动"、"A 使 B 激动"的句式。例如:

(1)a.他的话使我非常感动。

b.他的话使我非常激动。

(2)a.他感动得流下了眼泪。

b.他激动得流下了眼泪。

"感动"是受影响后产生的同情心理,态度是肯定的、积极的,是褒义的,可以用被动式。"激动"是受刺激(cìjī stimulate)后内心的冲动(chōngdòng impulse)、不平静,可以表现为兴奋,也可以表

18

现为气愤(qìfèn atmosphere),不表现出同情的态度。不用被动式。
请比较下面两组词组:

感动:感动人的事情(故事、电影、话)
   A 被……感动了   深受感动
   很受感动   太感动人了
激动:激动人心的消息(歌曲、场面)
   内心激动   情绪激动
   激动起来   激动得跳了起来(叫了起来)
   显得很激动   激动了好长一段时间   别激动

用"感动"或"激动"填空:

(1)医生认真负责的态度____了病人。

(2)我们队终于赢了,我很____。

(3)这是一部非常____人的小说。

(4)现在他有点儿____,所以态度不太好。

14."合作"和"配合"

[**要点提示**]合作是"A 和 B 合作",配合是"A 配合 B"。

"合作"与"配合"都是共同完成某项任务的意思。可以说:互相合作、密切合作、合作得很好,也可以说:互相配合、密切配合、配合得很好。

为什么下面这两个句子中"合作"、"配合"用错了呢?

(1)※我们配合得很愉快。

(2)※比赛的时候,互相合作是很重要的。

"合作"是说为了一个共同的目的,一起工作。是 A(人、单位)和 B(人、单位)合作。所以(1)应该说"合作得很愉快"。

"配合"是各方面分工合作来完成共同的任务。因为分工不同,各方面在完成任务时的地位、作用也不完全一样。在完成任务的过程中,会有主、次之分。"配合"包含了彼此合作时的互相关系:

<u>A(人、单位)配合 B(人、单位)</u>

一般地说,B 是主要的,A 配合 B 完成共同的任务。例(2)应该说"互相配合是很重要的",因为比赛时各个运动员的任务不一样,只有配合好了,才能取胜。

下面"合作"的词组都不能用"配合":

技术合作	经济合作	一起合作	分工合作
合作愉快	合作共事	通力合作	精诚合作
友好合作	合作开发	合作的前景	合作半年

为我们的合作干杯

下面"配合"的词组都不能用"合作":

A(病人)配合 B(医生)	配合得很紧密
为了配合……的工作	配合好……的工作
主动(积极)地配合	把 A 和 B 配合在一起

15."反映"和"反应"

[**要点提示**]反映是"A 反映出 B"或"<u>向上级反映情况或意见</u>"。

反应是"A 使 B 产生反应"或"A 引起 B 的反应"。

"反映"和"反应"读音完全一样,仅一字之差,但用法完全不同。

"反映"有三种用法:

一、通过某一个人或事物,把客观事物的实质表现出来。是 A 反映出 B。例如:

人的话或行为、文艺作品(故事、小说、电影)

反映(出了) → { 思想、态度
实际情况
事情本质
生活

二、把实际情况或意见向上级部门反映。例如:

(1)向老师反映同学的意见和要求。

(2)向领导反映人民的生活困难。

(3)向有关部门反映产品的质量问题。

三、作名词,多指批评的意见。如:学生们的反映、对食堂的反映、听取群众的反映。

"反应"是物质(包括人体)受外界的刺激发生的变化。是 A 使 B 产生反应,或 A 引起 B 的反应。例如:

(1)药物引起了过敏反应。

(2)他对大家的意见一点反应也没有。

(3)运动员应该反应敏捷(mǐnjié nimble)。

其他如:开始反应、发生反应、正常反应、反应很剧烈(jùliè violent)……

16."说明"和"解释"

[要点提示]可以说"解释清楚",不能说"说明清楚"。"说明"还有
"证明"的意思。

"说明"和"解释"都是让对方明白、了解某一事物的原因、道
理、含义。例如：

(1)a.请你说明一下这个词语的意思。

b.请你解释一下这个词语的意思。

(2)a.医生给病人说明了他的病情。

b.医生给病人解释了他的病情。

(3)a.马丁向老师说明了没来上课的原因。

b.马丁向老师解释了没来上课的原因。

例句(2)(3)的 a 和 b 意思不完全一样。"解释"还包含消除对
方疑虑(yílù misgivings)、误会(wùhuì misunderstand)、让对方放心、
相信自己、取得对方原谅等意思。另外，"说明"是"说得让你明
白"，"明"是"说"的结果，因此一般不说"说明清楚"，如例句(1)a
"解释"是分析、阐述(chǎnshù expound)。例句(1)b 可以说"解释
清楚"或"解释解释"。

下面的句子用"解释"比较好：

(4)无论我怎么解释，他都不相信我的话。

(5)服务员反复向乘客解释飞机晚点的原因。

(6)你解释解释，这到底是怎么回事？

(7)误会解释清楚了，他们俩又成了好朋友了。

"说明"还可以组成下列词组：

说明方法　　说明用途　　说明经过　　说明真相

22

说明想法　　说明情况　　说明来历　　说明书

图片说明

"说明"也可以作名词:看说明、说明要通俗易懂。另外,"说明"有"证明"的意思。"解释"没有。例如:

(8)实验结果说明(※解释)我们的想法是对的。

(9)这些材料说明(※解释)不了问题。

(10)事实已经说明(※解释)你错了。

17."使用"、"利用"和"运用"

[要点提示]"使用"的宾语多为器物、资金、人员。

　　　　　　"利用"的宾语大多是抽象意义的名词。

　　　　　　"运用"的宾语多指某种技能或方法。

"使用"跟"用"的意思比较一致,表示让人员、器物、资金为某种目的服务。例如:

(1)为了促进经济的发展,必须合理使用人才(干部)。

(2)到了日本,他开始使用日语和日元。

(3)这部机器坏了,现在不能使用。

(4)学习外语,一定要学会使用词典。

"利用"有两个意思。一是表示让事物或人发挥效力和作用。一般是褒义的。例如:

(5)我们要充分利用外资,加快经济建设。

(6)马丁想利用来中国学习的机会,去北京旅游。

(7)我们应该学习和利用国外的先进技术。

(8)可以利用废布、树叶加工成纸。

用"利用"构成的词组如:

利用时间　　利用条件　　利用人才　　利用知识

利用太阳能　利用水资源　废物利用　　有利用价值

"利用"的另一个意思是:为了达到某种目的,采用某种手段让人或事物为自己服务。多为贬义的。例如:

(9)那个人利用会计(kuàijì bookkeeper)的职权,贪污了几十万元。

(10)王厂长想利用老朋友的关系为儿子找一份好工作。

还可以组成:"互相利用"、"被利用"、"受利用"、"利用手段"等词组。

除了"废物"以外,"利用"的宾语多为抽象意义的名词。

"运用"是根据某种事物的特性加以利用,多指某种技能或方法。例如:

(11)微波、激光等先进技术的运用越来越广泛。

(12)我们应该把学到的知识运用到实践中去。

(13)我们运用空气对流的原理解决了那个问题。

常用的词组是:运用自如,形容熟练地运用。

———————————————

用"使用""利用"或"运用"填空:

(1)他想____这块布做成一个袋子。

(2)我还没学会怎样____电脑。

(3)我想____去北京出差的机会游览一下长城。

(4)学会____汉语,对找工作很有好处。

(5)我们____刚学到的知识,解决了工作中的难题。

(6)可以____这块空地种点儿花草。

24

18."发现"和"发觉"

[**要点提示**]"发现"或"发觉"+ 小句。

"发现"+ 名词或名词性短语。

"发现"可以作名词。

"发现"、"发觉"都表示开始注意或知道以前没有人知道或注意到的事。多指现在、具体的事。

"发现"或"发觉"+ 小句。例如：

(1)他走了半天,才发现(发觉)方向错了。

(2)我们发现(发觉)最近张三的行为有些不正常。

(3)他以为躲在这儿不容易被别人发现(发觉)。

"发现"的另一个意思是:经过探索或研究,看到或找到了以前没有人看到或找到的事物或规律。过去、现在、将来都可以。"发现"+ 名词或名词性短语。例如：

(4)中国是最早发现(※发觉)和利用茶叶的国家。

(5)去年这儿又发现(※发觉)了一个大油田。

(6)如果发现(※发觉)问题,要及时解决。

"发现"还可以作名词。例如:"新发现"、"重大发现"。

19."保持"和"维持"

[**要点提示**]"保持"是使原有的良好的状态继续下去。

"维持"是必须经过努力或采取必要的手段使原有的状

25

态不改变并可以继续下去。

"保持"和"维持"都是指使原有的状态持续不断,或在一段时间里情况没发生变化。例如:

常与"保持"相关的词语有:

保持安静　　保持健康　　保持荣誉　　保持高水平
保持友好关系　　保持密切的联系　　保持优良作风
保持冷静的态度(头脑)　　保持水土
保持艰苦朴素的作风　　保持光荣称号　　保持英雄本色
保持优美的体形　　保持适当的温度　　保持良好的习惯
保持纯洁的友谊　　保持世界和平　　保持警惕

常与"维持"相关的词语有:

维持生命　　维持生活　　维持秩序　　维持关系
维持局面　　维持社会治安

对比一下跟"保持"、"维持"相关的词语,就不难发现:"保持"和"维持"所表示的意义是不完全相同的。一般来说,"保持"是使原有的良好的状态继续下去,跟它相关的词语前面大多是褒义的形容词。"维持"的意思是:必须经过努力或采取必要的手段,才能使原有的状态,已经或可能出现了问题的状态得以继续下去,而且状态的继续可能是短暂的,随时会中断的。"维持"更侧重于使原有的状态不改变。因此在与"维持"相关的词语前面一般不可以加上褒义的形容词。

试比较下列几组词语,体会一下"保持"与"维持"使用上的区别:

保持世界和平　　　　维持世界和平
保持(友好)关系　　　维持关系
保持(安定的)局面　　维持局面
保持(安静的)秩序　　维持秩序

20."宝贵"和"珍贵"

[**要点提示**]"宝贵"形容的东西多为抽象意义的名词。
　　　　　　　"珍贵"多形容具体的东西。

"宝贵"和"珍贵"都形容很有价值。"宝贵"多指非常难得到的东西,多为抽象意义的名词。"珍贵"多指有意义、值得喜欢、有收藏价值的实物。请比较下列词组:

宝贵的经验　　　　　珍贵的纪念品
宝贵的意见　　　　　珍贵的礼物
宝贵的生命　　　　　珍贵的动物
宝贵的时间　　　　　珍贵的画
宝贵的财富　　　　　珍贵的邮票
宝贵的文化遗产　　　珍贵的衣服
宝贵的精神　　　　　珍贵的书籍
　　　　　　　　　　珍贵的文物
　　　　　　　　　　珍贵的友谊

21."严肃"、"严厉"和"严格"

[要点提示]"严肃"可以指人的神情、态度、作风,也可以指气氛。"严厉"也指人的神态、表情,有厉害的意思。"严格"多指遵守制度、掌握标准的态度。

"严肃"、"严厉"都可以形容人脸部的表情、说话的口气、表现出的态度。例如:

(1)领导严肃(严厉)地批评了我们。

(2)他的爸爸是个非常严肃(严厉)的人。

(3)看到他那严肃(严厉)的样子,大家都有点坐立不安。

"严肃"和"严厉"的区别有以下几方面:

一、"严肃"的神态多跟人的性格内向、不善言谈或者跟面临的事情的严重性有关系。"严肃"的态度常使人感到尊敬并有点害怕。"严肃的态度"常常表现在工作作风上或处理问题的态度上。

"严厉"是"严肃"+"厉害"的意思,因此除了表示神态严肃以外,还包含对人要求严格或者不客气。"严厉的态度"可以使人感到很难对付或者受不了。请比较下面句子中"严肃"和"严厉"的不同用法:

(4)师傅对我非常严厉(※严肃),一发现我做得不对,马上就严肃(严厉)地给我指出。

(5)老王办事总是十分认真严肃(※严厉)。

(6)祥林嫂的婆婆对她非常严厉(※严肃)。

(7)上班的时候,大家常常互相开玩笑,态度不太认真严肃(※严厉)。

二、"严肃"还形容某种场合的气氛和问题的严重性。"严厉"

28

没有这种用法。例如:

 (8)会场的气氛显得特别严肃(※严厉)。

 (9)他的话使刚才还十分轻松的气氛一下子严肃(※严厉)起来了。

 (10)青年们面对着国旗举起了右手,严肃(※严厉)地宣誓。

 (11)这是一个非常严肃(※严厉)的问题。

三、"严肃"可以作动词,"严肃"+名词,使某事物严肃,有严格管理、加强管理的意思。"严厉"没有这种用法。例如:

 (12)必须严肃(※严厉)交通法规。

 (13)只有严肃(※严厉)党纪国法,才能制止这样的事再发生。

"严格"跟人的神态没有关系,多形容遵守制度、掌握标准时的态度非常认真,一点也不讲情面(bù jiǎng qíngmiàn without sparing anyone's sensibilities)。常用的词组有:

 严格要求 严格检查 严格执行 严格训练
 严格掌握 严格遵守 严格审查 严格审批
 严格管理

"严格"+名词也有"使严格"的用法。例如:

 严格……审批制度 严格各种训练 严格会计制度
 严格法律程序 严格出入境手续

用"严肃"、"严厉"或"严格"填空:

 (1)张老师对学生要求很_____,哪怕写错了一个字也要学生立即改正。

 (2)张老师总是很_____的样子,从来不开玩笑。

 (3)张老师对学生很_____,大家都怕他。

 (4)必须_____按学校的规定办事。

(5)交通警＿＿＿＿＿＿认真地处理好每一起交通事故。

(6)报纸＿＿＿＿＿批评了这家工厂污染环境的行为。

22. "怕"、"害怕"和"恐怕"

[要点提示]"怕"有"害怕"、"担心"、"估计"等用法。"害怕"是心理动词。"恐怕"是副词,表示估计。

"怕"作动词时,可以表示害怕或担心的意思。是主语对某个人、某种东西、某种情况的畏惧(wèijù fear)或经受不住(jīngshòubùzhù cannot bear)。"怕"可以带宾语。例如:

(1)这个孩子谁都不怕,就怕他的老师。

(2)工人们不怕苦、不怕累,提前完成了任务。

(3)我怕你不知道出发的时间,特地打电话告诉你。

(4)这种植物就怕太阳晒。

(5)学汉语,别怕说错。经常练习说,进步就快。

(6)下这么大的雨,我怕他来不了了。

"怕"还表示"恐怕"的意思,作副词,表示估计。例如:

(7)这个孩子怕有十岁了吧。

(8)天越来越黑了,怕要下暴雨了。

"害怕"是心理动词。表示遇到困难、危险的时候内心的畏惧状态。例如:

(9)她害怕晚上一个人走路。

(10)在困难面前他从不害怕。

例句(1)(5)都可以用"害怕"表示。

"害怕"可以作定语。例如:害怕的样子。

"怕"和"害怕"都可以用不同的副词说明"怕"的程度。例如:很害怕、害怕极了、害怕得很、不(没有)害怕、有点儿害怕。

"恐怕"是副词,是对某一事物、情况、状态的估计、猜测的语气,有"大概"、"也许"的意思。例句(6)(7)(8)都可以用"恐怕"表示。

"恐怕"也有"担心"的意思,只能用在动词前面,不能用在名词前面。例如:

(11)我恐怕下雨,所以带了把雨伞。

(12)※我恐怕你忘了这件事,所以提醒你一下。

例句(12)只能用"怕"。例句(3)也不可以用"恐怕"。

23."不得了"和"了不得"

[要点提示]"不得了"和"了不得"都可以表示情况严重和程度深。"了不得"还有"了不起"的意思。

"不得了"和"了不得"都是口语中常用的词语。

"不得了"常用在发生意外的时候,表示情况非常严重,内心很着急,没有办法。

一、无主句。例如:

(1)不得了啦,着火了!

(2)真不得了,小王的儿子从楼上摔下来了。

二、小句 + 副词(可、真、才、更、就) + 不得了。例如:

(3)你那么粗心大意,万一出了事故就不得了了。

（4）要是让她知道了更不得了，她肯定会大吵大闹。

（5）这幢房子的墙面已经裂开了，再不抢修，后果可不得了啦。

"不得了"还表示程度深。一般用"形容词或心理动词＋得＋不得了"的句式。例如：

（6）天气热得不得了。

（7）钱包丢了，我急得不得了。

（8）四川菜辣得不得了。

（9）我送给她的礼物，她喜欢得不得了。

"了不得"也有"不得了"的这三种用法。例如：

（1）了不得啦，着火了！

（2）他的病可了不得啊，快送医院吧。

（3）试验终于成功了，大家高兴得了不得。

"了不得"还有"了不起"的意思。形容有突出的本领，跟一般的情况不一样。

一、数量短语＋了不得＋的＋名词。例如：

（1）这是世界上一件了不得的大事。

（2）她是一个了不得的女人，那么大年纪还坚持学习。

二、真＋了不得。赞叹的语气。例如：

（3）这孩子十三岁就上大学了，真了不得啊。

（4）这座桥只花了两年时间就造好了，真了不得啊。

三、"以为"或"觉得"＋了不得。例如：

（5）他考试得了第一就以为（觉得）自己了不得了。

（6）别以为当上了总经理就了不得了。

四、有（没有）＋什么＋了不得＋的。否定程度深。例如：

（7）这场比赛输了，有什么了不得的，还有赢的机会。

（8）学汉字看起来很难，其实没什么了不得的。

24.“巴不得”和“恨不得”

[**要点提示**]“巴不得”所希望的事一般是可能实现或已经实现的。
“恨不得”所希望的事是不可能实现的。

“巴不得”和“恨不得”都表示希望实现自己的愿望的迫切心情。因此在这两个词语后面经常用上“马上”、“立刻”、“就”等副词来强调。且经常出现在口语中。它们的区别是：

一、“巴不得”所希望的事一般是可能实现或者已经实现的。常常是即将发生的事或者已经发生的事正是自己希望出现的事。因此“巴不得”前面常常用“正”或“正是”。“恨不得”所希望的事是不可能实现的,仅仅是一种假想(jiǎxiǎng imagination)而已,前面可以用“真”强调,后面一般是动词性短语。试比较:

(1)a.你来得正好。我正巴不得有人来帮我一下。

　　b.怎么连一个人都没有。我真恨不得有人来帮我一下。

(2)a.她巴不得生个女孩。（她希望生个女孩）

　　b.她真恨不得这个孩子是个男孩。（这个孩子是女孩）

(3)a.我巴不得马上能住进新房。（这是可能实现的）

　　b.我恨不得马上能住进新房。（这是不可能的。）

二、“巴不得”可以加“的＋名词”,“恨不得”不可以。例如:

(4)学校派他去国外进修,这正是他巴不得(※恨不得)的机会。

(5)他请我去看电影,正是我巴不得(※恨不得)的事情。

用"巴不得"或"恨不得"填空：

(1)马丁说他下个月来北京,我＿＿＿马上能见到他。

(2)他说我不用去了,真是太好了。我正＿＿＿呢。

(3)今天才18号,可是孩子们＿＿＿明天就过年。

(4)明天我们去旅行,我真＿＿＿明天不要下雨。

25."不得不"和"不由得"

[要点提示]"不得不"表示"必须"、"一定"的意思。

"不由得"表示不能抑制(yìzhì restrain)自己。也可以表示"不得不"。

"不得不"的用法跟能愿动词"必须"差不多,一般后面带动词短语或"这样"、"如此"一类的词。表示自己主观上并不想这样做,但是客观情况使他必须这样做。例如:

(1)飞机票买不到,我不得不改变原来的计划。

(2)我们玩得很高兴,但是时间太晚了,我不得不走了。

(3)你说得那么有道理,我们不得不相信你是对的。

"不由得"表示在某种情况下,抑制不住自己的感情,做出了某些动作。一般用在动词前面。例如:

(1)她拿着儿子的照片,看着看着,不由得笑出声来。

(2)一想起那些心酸的往事,她就不由得掉下泪来。

(3)听老师说后天要考试,我心里不由得紧张起来了。

(4)一走出大门,迎面吹来一阵大风,我不由得裹紧了衣服,快步跑了起来。

34

"不由得"还有"不容许"的意思。一般是"不由得"+"兼语"的句式。例如：

(5)看着她那可怜的样子,不由得你不同情她。

(6)他说得那么逼真,不由得你不相信。

(7)他的态度非常坚决,不由得你不同意。

"不由得"的这种用法也有"不得不"的意思。上面三个句子都可以用"不得不"。

用"不得不"或"不由得"填空：

(1)他们都不会说汉语,我____跟他们说英语。

(2)听到那支熟悉的歌曲,我____轻轻地哼了起来。

(3)离开父母,我____学会自己照顾自己。

(4)那个小伙子____爱上了一位中国姑娘。

(5)他一定要把那件礼物送给我,我____收下了。

26."上星期二"、"这星期二"和"下星期二"

[**要点提示**]不能说：

　　　　※今天11号,星期四,上星期二是9号。

请看右边的日历。

今天是11号,星期四。上星期二是几号？下星期二是几号？

一	二	三	四	五	六	日	
1	2	3	4	5	6	7	─上星期
8	9	10	11	12	13	14	─这星期
15	16	17	18	19	20	21	─下星期
22	23	24	25	26	27	28	
29	30						

35

"上星期二"＝上个星期的星期二,是 2 号。

"下星期二"＝下个星期的星期二,是 16 号。

"这星期二"＝这个星期的星期二,是 9 号。"这星期二"可以只说"星期二","这"可以不说。如:

(1)——他什么时候来的?

　　上星期二。 (2 号)

(2)——他什么时候来的?

　　星期二。 (9 号)

(3)——他什么时候来?

　　下星期二。 (16 号)

根据中国人的习惯,"星期天"是一个星期中的最后一天,不是第一天。所以,如果今天是 11 号,"上星期天"是 7 号,"下星期天"是 21 号,"(这个)星期天"呢? 是 14 号。

(4)——今天星期四,11 号。我星期天去看你。(14 号)

　　——这个星期天我没空,下个星期天再来吧。(21 号)

下面这几句话里的"星期 X"是几号? (今天 11 号,星期四)

(1)——我上星期一去找过你,你不在。你这个星期天在家吗?

　　——星期天我有事。你下星期一来吧。

(2)——我星期一去找过你,你不在。这个星期天你有事吗?

　　这星期天我没空,下个星期天你来吧,我在家。

27."前三个月"和"三个月前"

[**要点提示**]"前三个月"和"三个月前"不一样。

"前三个月"≠"三个月前"。"前三个月"就是"前面的三个月","三个月前"就是"三个月以前"。如：

(1)在这个地区,每年的前三个月是降水量最集中的时期。(每年的前三个月:一月、二月和三月)

(2)现在是五月,我三个月前见到过他。(三个月前:二月)

(3)90年代的前五年,他们学校的留学生人数增加了一倍。(九十年代的前五年:1990、1991、1992、1993、1994年)

(4)1995年,他们学校的留学生人数是600人,五年前只有100人。(五年前:1990年)

28."时间"和"时候"

[**要点提示**]"时间"是有起点和终点的一段时间。"时候"是"时间"里的某一点。

先请看一段对话:

A：你每天都学习汉语吗?

B：差不多每天都学习。

A：你每天学习多少时间？

B：不一定。工作不太忙的时候,学习的时间就多一些。

A：你什么时候学习呢？

B：什么时候都可以学习呀。比如:坐车的时候听听录音、
跟中国人谈话的时候练习说汉语。下班以后,可以比较
长时间地学习。

A：你真会挤时间学习啊。你有空的时候,请多帮助我。

B：行,没问题。今天晚上我有时间,你来我这儿吧。

从上面的对话中,可以看出"时间"可以用数量来表示:多少时
间、没有时间、很长时间……是有起点和终点的一段时间。"时候"
是时间里的某一点:什么时候、这时候、那时候、……的时候。图示
如下:

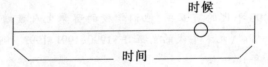

"时间"还表示具体的某个时候。例如:

(1)开车的时间到了。

(2)现在是北京时间六点整。

(3)时间到了,下课吧。

29."一点钟"和"一个小时"

[要点提示]不能说:

　　※我等他等了一点钟,他还没来。

"小时"和"分钟"表示"一共多少时间","点钟"和"分"表示"什

38

么时候"。如果"点钟"和"分"一起使用,"点钟"说成"点"。图示如下:

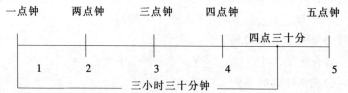

一点钟　　　两点钟　　　三点钟　　　四点钟　　　　　　五点钟

四点三十分

1　　　　　2　　　　　3　　　　　4　　　　　5

三小时三十分钟

在汉语里,回答"多少时间"和"什么时候"的表达方式是不一样的。

什么时候	多少时间
一点(钟)	一(个)小时
两点半	两个半小时
三点三刻	三(个)小时三刻(钟)
一点零二分	一(个)小时零二分(钟)

如:

(1)＿＿＿现在几点?

＿＿＿现在两点半。

(2)＿＿＿从你家到学校骑自行车要多少时间?

＿＿＿两个半小时。

(3)＿＿＿现在什么时候?

＿＿＿三点三刻。

(4)＿＿＿你们每天上多长时间的课?

＿＿＿三个小时三刻钟。

选词填空:

(1)从宿舍到教室只要五＿＿＿＿＿。(分　分钟)

(2)现在几点?

现在是五点零五＿＿＿＿＿。(分　分钟)

(3)这顿晚饭我们吃了一(个)_____。(点钟　小时)

(4)你什么时候来的?

我三_____来的。(点钟　小时)

(5)你来了多长时间了?

我来了三个_____了。(点钟　小时)

(6)现在什么时候?

现在是五点三_____。(刻　刻钟)

(7)从这儿坐公共汽车到市中心需要三_____。(刻　刻钟)

30."时间"和"工夫"

[要点提示]"时间"可以用"早"、"晚"、"长"、"短"等词语说明,跟"工夫"相关的形容词是"大"。

---

(1)我们只用了半天时间(工夫)就把机器修好了。

(2)我没有工夫(时间)跟你们一起去看电影。

上面两个句子中"时间"和"工夫"都表示用去或需要用去的一段时间,前面都可以加"有"、"没有"或其他相关的动词和数量词。例如:

(3)有时间(工夫)的话,我一定再来。

(4)做这个菜很费时间(工夫)。

(5)坐地铁真快,一会儿工夫(时间)就到了。

"时间"和"工夫"的不同点主要有:

一、"时间"还表示具体的某个时候,所以"时间"可以用"早"、"晚"来说明。例如:

40

(6)现在是北京时间(※工夫)八点整。

(7)开车的时间(※工夫)到了,车怎么还不开?

(8)你睡觉的时间(※工夫)太晚了,上班的时间(※工夫)又那么早,现在身体怎么样?

二、表示时间长短的方式不同:

"时间"——"多长时间"、"多少时间"、"很长(短)的时间"、"很多(少)时间"

"工夫"——"多大工夫"、"很大工夫"、"工夫不大"、"不大的工夫"

"多大工夫"给人时间不太长的感觉。例如:

(9)A:你工作多长(多少)时间了?

　　B:我已经工作两年了。

(10)A:你等了我多大工夫?

　　B:我等了你不大一会儿工夫。

(11)A:修好这部机器要多长(多少)时间?

　　(或者问:修好这部机器要多大工夫?)

　　B:不大工夫就可以修好了。

三、"工夫"还可以指事情发生的同一个时候,强调在短时间内事情已经发生或者完成。相当于"……的时候"。例如:

(12)(两人边走边谈,其中一人说)我们说话的工夫,已经到家了。

(13)孩子睡觉的工夫,她把衣服洗好了。

(14)我吃饭的工夫,他做完了作业。

四、"时间"和"工夫"的不同:

"时间"——工作时间　　业余时间　　利用时间
　　　　　浪费时间　　长时间的分离

"工夫"——闲工夫　　下工夫　　好大的工夫

31. "二月"和"两个月"

不能说:

　　　　　　※我住在两楼。

　　　　　　※我已经学了二月汉语了。

　　　　　　※现在是二点半。

比较:

　　二　　　　　　　　两

星期二　　　　　两个星期

二月　　　　　　两个月

二号　　　　　　两天

二班　　　　　　两个班

二年级　　　　　两个年级

二楼　　　　　　两层楼

第二年　　　　　两年

第二课　　　　　两课

上面的"二"都是"第二"的意思,是序数(xùshù ordinal number)。如:"星期二",Tuesday,是一个星期的第二天(星期一是第一天);"二月",February,是一年的第二个月;"二号",是一个月的第二天……

"两"表示基数(jīshù cardinal number)。"两个星期",two weeks;"两个月", two months;"两天", two days……

注意:我们说:两点钟,不说:※二点钟。

例如:

42

(1)我住在二楼。

(2)我住的楼房一共有两层。

(3)我今年二月二号来中国的。

(4)我已经来了两个月了。

选择"二"或"两"填空：

(1)今天我们学习第____课。

(2)我们每个星期学习____课。

(3)他在日本住过____年。

(4)我现在上____年级。

(5)现在是____点半。

(6)今天是三月____号。

(7)今天离星期六还有____天。

32."三公斤多"和"三十多公斤"

[**要点提示**]不能说：

※他买了三多公斤肉。

※他买了三十公斤多肉。

※教室里有十五多个人。

表示大概的数字的时候，"多"放在量词的前面还是后面？这跟数字有关系。请看：

数词＋量词＋"多"	数词＋"多"＋量词
三　　公斤　　多	
十四　公斤　　多	
一百五十九公斤　多	
十　　公斤　　多	十　　多　　公斤
	二十　　多　　公斤
	一百七十　多　　公斤
	一千三百　多　　公斤

从上面可以知道：

一、如果数字的最后一个数是 1—9（如：1、2、……9、11、12、…… 19、…… 121、122、…… 129、……），那么是：　数词＋量词＋"多"　。

二、如果数字的最后一个数是 0（20、30、……90、100、110、…… 1000……），那么是：　数词＋"多"＋量词　。

三、　"十"＋"多"＋量词　，或者，　"十"＋量词＋"多"　，都可以说。但意思不一样。例如，"十多公斤"意思是：11 公斤、12 公斤、13 公斤……，"十公斤多"意思是：10.1 公斤、10.2 公斤、10.3 公斤……。

能不能说"教室里有十五个多人"呢？好像是对的，但我们从来不说。因为，这句话的意思是，教室里有 15.1 个人或 15.2 个人……，这可能吗？

另外，如果数字是一万、两万……，"多"放在"万"后面，如：一万多公斤/两万多公斤……但是，如果数字是二十万、两百万……，"多"放在"万"前面，如：二十多万公斤/三百多万公斤/四千三百多万公斤……

请把"多"放在合适的地方：

(1)他们学校有一千 A 三百 B 个 C 学生。

(2)我等了他两 A 个 B 小时 C。

(3)卧室的面积是二十 A 平方 B 米 C。

(4)他买了三 A 斤 B 鱼 C。

(5)一年 A 来,我们已经学了三千 B 五百个 C 词了。

(6)这个城市的人口是一千 A 三百 B 万 C。

(7)这个体育馆可以坐一 A 万 B 个 C 人。

33."一个月半"还是"一个半月"?

[要点提示] 不能说:

※ 我买了三半公斤肉。

※ 一个月半以后,我要回家。

正确的表达方式是:

"半"+量词+名词			数词+量词+"半"+名词			
半	公斤	肉	三	公斤	半	肉
半	个	房间	一	个	半	房间
半	碗	饭	两	碗	半	饭
半	个	月	一	个	半	月
半	天		四	天	半	
半	年		三	年	半	
半	个	小时	一	个	半	小时

请把"半"放在合适的地方：

(1)他每星期工作五 A 天 B 时间 C。

(2)我等他等了一 A 个 B 小时 C。

(3)我买了三 A 公斤 B 肉 C。

(4)一 A 个 B 月 C 以后,我要回家。

34."左右"、"前后"和"上下"

[要点提示]不能说:

　　※中秋节左右商店里卖月饼。

"左右"、"前后"、"上下"都可以表示大概的数量,但用法不完全一样。请看下面的表:

		左　右	前　后	上　下
A.什么时候 （数量词）	五点钟	五点钟左右	五点钟前后	
B.什么时候 （名词）	中秋节		中秋节前后	
C.多长时间	五天	五天左右		
D.年龄 　重量 　高度	五十岁 七十公斤 一米七	五十岁左右 七十公斤左右 一米七左右		五十岁上下 七十公斤上下 一米七上下

46

用"左右"、"前后"、"上下"填空：

(1)春节＿＿＿＿＿＿街上最热闹。

(2)你七点钟＿＿＿＿＿＿再来吧。

(3)你过一个小时＿＿＿＿＿＿再来吧。

(4)他大概四十岁＿＿＿＿＿＿吧。

35."百把个人"、"一百来个人"和"一百个人左右"

[要点提示]不能说：

　　　　※这个中学有一百把个教师。

　　　　※这个中学有百来个教师。

"把"、"来"、"左右"都可以表示大概的数量,但用法不完全一样。例如：

(1)房间里坐着百把个人。

(2)房间里坐着一百来个人。

(3)房间里坐着一百个人左右。

一、用"把"的时候,前面有"百"、"千"、"万"或"个"、"块"。我们可以说：

　　百把人　（一百个人左右）

　　千把人　（一千个人左右）

　　万把人　（一万个人左右）

　　个把人　（一、两个人）

　　块把钱　（一块钱左右）

二、用"来"的时候,前面一定有数词。我们说:

> 三斤来肉　　(三斤左右)
>
> 一块来钱　　(一块左右)
>
> 一百来个人　(一百个左右)

三、"左右"放在"数、量、(名)"的后面。

用"把"、"来"、"左右"填空:

(1)口袋里只有块____钱。

(2)口袋里只有一块____钱。

(3)口袋里只有一块钱____。

(4)留学生一共有五百____个。

(5)留学生一共有百____个。

(6)留学生一共有三百个____。

36."他们都是我的朋友们"还是"他们都是我的朋友"?

[要点提示]不能说:

> ※他们都是我的朋友们。
>
> ※房间里有很多人们。

汉语里一个名词是单数(dānshù singular)还是复数(fùshù plural),常常要看上下文(context)才能知道。例如:

(1)我今天忘了带课本,只带了练习本。

(2)这些都是你们的课本,每人一本。

(1)里的"课本"是"我的课本",大概只是一本,(2)里的"课本"是

48

"你们每个人的课本",当然有很多。

有一个"们",可以表示"很多",放在指人的名词后面。如:学生们。在表示动物、东西的名词后面不能用"们",没有※"狗们"、※"桌子们"。

即使是指人的名词,不用"们"的时候也不一定只是一个,也可能是很多个。例如:

（3）学生都来了。

（4）学生们都来了。

（3）和（4）都对,意思是一样的。"们"可以用,也可以不用。

有的时候,虽然名词指的是很多人,但不能用"们",如果用了"们"就错了。例如:

（5）※这些人都是我的朋友们。

（6）※房间里有很多人们。

（7）※这三个学生们我都认识。

（5）、（6）、（7）都不能用"们"。动词"是"的宾语、"有"的宾语不能用"们"。名词前面如果已经有了数量,也不能用"们"。

汉语的代词,有单数和复数的区别:你、你们,我、我们,他、他们,这、这些,那、那些。但是,

（8）这七个人　　那七个人

　　这八本书　　那八本书

这里的"这"、"那"不能说成"这些"、"那些"。

另外,"这"、"那"作主语时,可以表示复数。例如:

（9）这都是你们的课本。（＝这些都是你们的课本。）

下面的句子对不对?

（1）在韩国我有很多朋友们。

（2）这些三个人都是我同学。

（3）他们是我的中国同学们。

(4)我跟三个中国朋友们一起去。

(5)我的中国朋友都很客气。

(6)我的中国朋友们都很客气。

37．"很多"、"不少"和"很少"

[**要点提示**]不能说：※我们班有多日本学生。

※我们班有少日本学生。

※我家里有很少人。

※最近很多下雨。

请看下面的句子：

	A	B
1.	我们班有很多日本学生。	我们班日本学生很多。
2.	我们班有不少日本学生。	我们班日本学生不少。
3.		我们班日本学生不多。
4.		我们班日本学生很少。

1.和2.、3.和4.意思差不多，(A)和(B)意思差不多。

一、"多"、"少"作定语时，不能只说"多"、"少"，要说"很多"、"不少"。"很多"、"不少"后面一般不用"的"。

$$\left.\begin{array}{l}很多\\不少\end{array}\right\} + 名词 \quad （很多 + 名词 \approx 不少 + 名词）$$

例如：

50

(1)我有很多英文书。

(2)我有不少英文书。

(3)他有很多钱。

(4)他有不少钱。

注意:不能说:"有很少书","有非常少书","有不多书","有非常多书",……只能说:"书很少","书非常少","书不多","书非常多"……。例如:

(5)他家里书很少。

二、"多"、"少"作谓语时,如不强调比较,"多"、"少"前边用"不"、"不太"、"比较"、"很"、"非常"……。

名词 +
$\left\{ \begin{array}{l} 不 \\ 不太 \\ 比较 \\ 很 \\ 非常 \end{array} \right\}$
+
$\left\{ \begin{array}{l} 多 \\ 少 \end{array} \right\}$

例如:

(6)我家里人不太多。

(7)我家里人比较多。

(8)我家里人很少。

(9)我家里人非常少。

三、在表示比较的时候,"多"、"少"可以单独(dāndú alone)作谓语,前面可以没有"不"、"不太"、"比较"、"很"、非常"……

名词 +
$\left\{ \begin{array}{l} 多 \\ 少 \end{array} \right\}$

例如:

(10)这家商店东西多,那家商店东西少。

(11)我们班美国人多,他们班美国人少。

(12)他的钱比我多。

四、"很少"用在动词前面表示"不常常"的意思,它的反义词是"经常"或"常常",不是"很多"。例如:

(13)最近很少下雨。

(14)※最近很多下雨。

(15)我们都很忙,很少见面。

(16)※我们不太忙,很多见面。

例句(14)(16)应该改成:

(14)最近经常(或常常)下雨。

(16)我们不太忙,经常(或常常)见面。

改正下列句中的错误:

(1)A:你家里人多不多?

　　B:※我家里人少。

(2)※我们班有多学生。

(3)※他有比较多书。

(4)※这个书店不多书。

(5)※这个书店很少书。

(6)※北海道冬天很多下雪。

(7)※上课的时候,他很多说话。

38."是四倍"和"多三倍"

"是四倍"="多三倍";"增加了三倍"="增加到四倍"

要明白上面的关系,我们先来看一个例子:

　　我们学校:二千人　　他们学校:八千人

　　(1)他们学校的人数是我们学校的四倍。

$$8000 \div 2000 = 4$$

　　(2)他们学校的人数比我们学校多三倍。

$$(8000 - 2000) \div 2000 = 3$$

> a 是 b 的 x 倍 = a 比 b 多 (x−1) 倍

例如:

　　中国的人口是美国的五倍 = 中国的人口比美国多四倍

　　我们班男生是女生的三倍 = 我们班男生比女生多两倍

　　(3)我们学校的人数是他们学校的四分之一。

$$\frac{2000}{8000} = \frac{1}{4}$$

请计算:

　　我们厂生产 9000 辆自行车。

　　他们厂生产 3000 辆自行车。

53

(1)我们厂生产的自行车是他们厂的＿＿＿。

(2)他们厂生产的自行车是我们厂的＿＿＿。

(3)我们厂生产的自行车比他们厂多＿＿＿。

(4)他们厂生产的自行车比我们厂少＿＿＿。

39.“一天”、“一年”和“一个月”

[要点提示]不能说：

　　　　※我学过一个年汉语。

　　大家知道,在汉语里,数词和名词的中间要用量词：

数词＋量词＋名词 。如：“一个大学”、“一本书”、“一杯茶”。

但是,有几个名词比较特别,如“天”、“年”、“小时”、“星期”。比较：

一个月	※一月	one month
※一个年	一年	one year
※一个天	一天	one day
一个小时	一小时	one hour
一个星期	一星期	one week

“one month”不能说“一月”（“一月”是“January”的意思）。“one year”、“one day”不能说“※一个年”、“※一个天”。“one hour”、“one week”可以说“一个小时”、“一个星期”,也可以说“一小时”、“一星期”。再比较：

半个月	半天	半年
一个月	一天	一年
一个半月	一天半	一年半

(一)汉语怎么说?

   (1) one year, one month, one day————

   (2) one year and a half————

   (3) one month and a half————

   (4) one day and a half————

   (5) one hour and a half————

(二)下面的句子里哪一句对,哪一句错?

   (1) A.他在中国住过一年。

        B.他在中国住过一个年。

   (2) A.他学过一个月汉语。

        B.他学过一月汉语。

   (3) A.我们一个星期休息两个天。

        B.我们一个星期休息两天。

40.“这本书”和“这些书”

[要点提示]不能说:

      ※这些本书都是我的。

“本”是量词,“些”也是量词。“这　书”中间只要一个量词,不能用两个量词。

"这本书"="这一本书",是单数(singular);"这些书"是复数
(plural)。

单　　数		复　　数	
一本书	a book	一些书	some books
这本书	this book	这些书	these books
那本书	that book	那些书	those books
哪本书	which book	哪些书	which books

例如:

(1)a. 这个人是我朋友。

　　b. 这些人都是我朋友。

(2)a. 这辆自行车是新的。

　　b. 这些自行车都是新的。

(3)a. 这张是上海地图。

　　b. 这些都是上海地图。

41."遍"和"次"

[**要点提示**]"遍"强调动作从开始到结束的整个过程。

"遍"和"次"前面加上数词,都可以放在动词后面,说明动作的
数量。"遍"强调动作从开始到结束的整个过程,也可以说是内容
的重复。"次"是动作的重复,跟内容没有关系。请比较:

（1）我看过三次中国电影。

（2）这个电影我看过三遍。

例句（1）是说我有过三次看中国电影的经历，"三次"可能是不同的三个电影，跟电影的内容没关系。例（2）是说同一个电影，我重复地看了三遍。"三遍"都是看一样内容的电影。

用"遍"或"次"填空：

（1）这篇课文我已经读过很多＿＿＿＿＿＿＿了。

（2）我打了三＿＿＿＿＿＿＿电话，还是打不通。

（3）刚才的录音我没听清楚，可不可以再放一＿＿＿＿＿＿＿。

（4）我想再去豫园吃一＿＿＿＿＿＿＿小笼包子。

（5）这药每天吃三＿＿＿＿＿＿＿，每＿＿＿＿＿＿＿吃两片。

（6）老师，这个汉字怎么写，请再写一＿＿＿＿＿＿＿。

42."一部电影"和"一场电影"

[**要点提示**]"一场电影"多跟放映的时间有关系。

"一部电影"就是"一个电影"，跟电影的名字和内容有关系。

"一场电影"多跟放映的时间有关系。一场电影也可能放映两部电影。"一场电影"可能指"早场电影"、"中午场电影"、"夜场电影"，或者"学生场电影"。可以说"第一场放映两部故事片、第二场放映一部科教片"。请比较：

（1）你觉得这部（个）电影怎么样？

（2）第一场电影从几点到几点？放几部电影？

57

(3)我看过好几部中国电影。

(4)听说今天晚上学校有一场电影。

(5)这部(场)电影什么时候开始?

43."一张画"和"一幅画"

[**要点提示**]不画在纸上的,或画在纸上、经过装饰的画都可以说
"一幅画"。

"张"是纸的量词,画在纸上的画就是"一张画"。

"幅"作量词的时候,还跟纺织面料——布、丝绸、呢绒等有关。
经过装饰的一张画,比如用丝绸装裱(zhuāngbiǎo mount)一下,或
者外面加上镜框(jìngkuàng picture frame)就成了一件高雅、精美
的艺术品,我们就说"一幅画"。

另外,不画在纸上的画都可以用"幅"作量词。例如:

(1)那幅油画是谁的作品?

(2)这是一幅木版画。

(3)你看,这幅画是用贝壳(bèiké shell)拼制成的。

(4)墙上画了一幅大大的宣传画。

"一张画"和"一幅画"跟动词的配合也不完全相同,请比较下
面几组例句:

(1)a.墙上贴着一张画。

　　b.墙上挂着一幅画。

　　c.墙上画着一幅画。

(2)a.他画了一张画。

b．他画了一幅画。

　　c．他制作了一幅画。

　　(3)a．这首诗像一幅画那样美丽动人。

　　b．※这首诗像一张画那样美丽动人。

　同样,经过装饰过的一张照片,我们可以说"一幅照片"。

44．"一群人"、"一伙人"、"一堆人"和"一批人"

[**要点提示**]"群"、"伙"、"堆"、"批"都是表示很多人在一起的量词,
　　　　　　　但使用的场合不同。

　"一群人"是很多人聚集在一起。例如:

　　(1)一群漂亮的姑娘和一群年轻的小伙子边歌边舞。

　　(2)每天早上公园里一群一群的老人在锻炼身体。

　"一伙人"也有很多人聚集在一起的意思,也指几个人或许多
人组成的一个集体。常说:"这一伙"、"那一伙"。有时"一伙人"含
有贬义。例如:

　　(3)这一伙人是干什么的?

　　(4)这几个人是一伙的,专门偷别人的自行车。

　　(5)外面进来一伙人,说要见公司的领导。

　例句(5)"伙"也可以换成"群"。

　"一堆人"也是很多人聚集在一起的意思。"堆"字可以作动
词,是指把东西堆积或堆放在一起,常常是无规则的、乱七八糟的。
因此"一堆人"常指聚集在一起的人有点乱糟糟、不整齐的样子。
"一堆人"的数量有时没有"一群人"多。例如:

(6)那儿围着一堆人在看什么？

(7)场地上横七竖八地躺着一堆一堆的伤员。

(8)一堆堆人,有的躺着,有的蹲(dūn squat on the heels)着,有的站着。

例句(6)"堆"也可以换成"群"、"伙",但"堆"字更形象地表现出围着的人乱七八糟的情景。

"一批人"指同时行动的一群人,没有分散的人聚集在一起的意思。可以说"第一(数字)批"、"上一批"、"下一批"、"分批"。例如:

(9)这个饭店的生意很好,一批客人刚走又来了一批。

(10)今天又来了一批新同学。这第五批学生都是从德国来的。明天还有一批从日本来的留学生。

(11)五百个学生分三批去参观游览东方明珠。

另外,还有"一帮人"的说法,跟"一伙人"的用法差不多。还可以说"一帮子"、"一大帮子",形容很多人。"群"、"堆"、"批"也可以说"一大群"、"一大堆"、"一大批","伙",不能说"一大伙"。但是"群"、"堆"、"批"、"伙"、"帮"都可以说"一小群"、"一小堆"……

"群"还可以是动物的量词。如"一群鸡"、"一群马"。

"堆"还可以是东西的量词。如"一堆脏衣服"、"一堆泥土"、"一堆书"等等。还可以说"一堆火"。

"批"还可以用于数量较多的货物、文件等。例如:

(1)这批彩电一共两百台。

(2)今天商店开始供应一批处理的日用品。

(3)请把这批信件送到各个办公室去。

45."桌上没有一本书"还是"桌上没有书"?

比较:

　　(1)a.桌上有一本书。

　　　　b.桌上没有书。

　　(2)a.他今天穿了一件红大衣。

　　　　b.他今天没穿红大衣。

　　(3)a.我昨天看了一场电影。

　　　　b.我昨天没看电影。

(a)都是肯定句,(b)都是否定句。在肯定句里,我们常常用上数量词,在否定句里,我们一般不用数量词,因为,既然根本"没有"、"没穿"、"没看",那么,就不存在"多少"的问题了。

不过,有时我们会听到:

　　(4)桌上没有一本书。

　　(5)房间里没有一个人。

这时"一"重读(be stressed),表示强调,意思是:

　　桌上连一本书也没有。

　　房间里连一个人也没有。

46."哪本书"和"什么书"

[要点提示]不能说:
　　　　※你要买什么本书?
　　　　※你要买哪书?

　　"哪"在这儿是"which"的意思。"哪"的后面一定要有量词,"什么"后面一定没有量词。

> 什么 + 名词

> 这
> 那 + (数词) + 量词 + (名词)
> 哪

　　例如:

　　(1)——你买什么?

　　　　——我买词典。

　　　　——你买什么词典?

　　　　——汉英词典。

　　(2)——这儿有三本词典,你要买哪(一)本?

　　　　——我要买这(一)本。

　　　　——那(一)本词典要不要?

　　　　——不要。

　　(3)——你家有几个人?

　　　　——四个。

　　　　——哪四个?

　　　　——爸爸、妈妈、我和我弟弟。

　　(4)——你喜欢吃什么水果?

——我什么水果都喜欢吃。

(5)——你喜欢吃哪种水果？

　　——我哪种水果都喜欢吃。

_____

用"哪"或"什么"填空：

(1)你想去____地方？

(2)你想去____个地方？

(3)请问，____位是王先生？

(4)他是____人？

(5)他是____国人？

(6)这些邮票____张都很漂亮。

(7)听说你们班有三个同学马上要回国了,请问是____三个？

(8)这些照片里你最喜欢____几张？

(9)你爱吃____菜？

47."怎么说"和"说什么"

_____

[**要点提示**]不能说：

　　※你什么去？

　　※你吃怎么？

_____

　　"怎么"是"how"，"by what means"，"什么"是"what"。"怎么"在动词前边,常指动作的方式,作状语；"什么"在动词后边,作宾语。

```
怎么 + 动词
```

```
动词 + 什么
```

例如:

  (1)——你怎么去?

    ——我骑自行车去。

  (2)——你吃什么?

    ——我吃面包。

  (3)你想说什么就说什么。

  (4)你想怎么说就怎么说。

用"怎么"或"什么"填空:

  (1)请问,这个字＿＿＿写?

  (2)你在大学学习＿＿＿?

  (3)你说＿＿＿?

  (4)"I study Chinese"汉语＿＿＿说?

  (5)你在写＿＿＿?

48."它"和"it"

[**要点提示**] 一般不说:

  ※这是今天的报纸,你要看它吗?

"它"的意思是"it",但是,"it"在英语里用得很多,"它"在汉语口语里用得较少。例如,我们一般不说"这是今天的报纸,你要看它吗",只说:

  (1)这是今天的报纸,你要看吗?

再例如,我们一般不说"这是我买的花,你喜欢它吗",只说:

  (2)这是我买的花,你喜欢吗?

或者说：

  (3)这是我买的花,这花你喜欢吗?

  当然,有时候这个"它"是一定要用的,如:

  (4)这面包已经坏了,把它扔了吧。

这时,"它"是"把"的宾语。"把"的宾语是不能省略的。

49."咱们"和"我们"

[要点提示]"咱们"="我们"+"你们"

  "咱们",北方人多用它。除了说话人自己或跟说话人一起的人(我们)以外,还包括听话人(你们),即"我们"+"你们"。在南方很多人只说"我们",不说"咱们"。

  请看对话:(五个人:A、B、C、D、E)

   A:我们(A、B、C)是第一中学的学生,你们(D、E)是哪个
    学校的?

   D:我们(D、E)也是第一中学的。

   B:哦,那咱们(A、B、C、D、E)是同一个学校的。我们(A、
    B、C)去看电影,你们(D、E)呢?

   E:我们(D、E)也去看电影。

   C:时间不早了,咱们(A、B、C、D、E)快走吧。

  图示如下:

    A B C   D E
    我们 (你们) 你们 (我们)
        咱们

50."在房间学习"还是"在房间里学习"?

[要点提示]不能说：

　　　　※他正在房间学习。

　　　　※书都放在桌子。

　　　　※他从衣柜拿出来一件衣服。

　　"从"、"在"、"到"、"去"等的宾语常常是处所词语。处所词语可以是合成方位词。例如：

　　(1)他就在前面。

　　(2)我去东边,你去南边。

　　(3)他从里面出来。

　　处所词语也可以是:普通名词/代词＋方位词。例如：

　　(4)图书馆就在食堂前面。

　　(5)他正在房间里学习。

　　(6)书都放在桌子上。

　　(7)他从衣柜里拿出来一件衣服。

　　处所词语还可以是:普通名词/代词＋这里(儿)/那里(儿)。例如：

　　(8)我刚从小王那儿来。

　　(9)你的信在我这儿。

(一)用方位词填空:(上、下、前面、中间、外面、里面)

　　(1)他家在我家＿＿＿。

　　(2)星期天,到街＿＿去走走吧。

　　(3)他刚从飞机＿＿下来。

(4)我们到房间____去散散步吧。

(5)他坐在小王和小张的____。

(6)我去楼____找一位朋友。

(二)用"这儿"或"那儿"填空:

(7)他刚从王老师____回来。

(8)什么时候到我____来玩玩呀?

(9)我很想到你____去,可是一直没空。

51."在书店"和"在书店里"

[要点提示]"在书店里"的"里"可以省略。

(1)我在书店等你。

(2)我在书店里等你。

(1)、(2)都对。我们常常说(1),"里"可以省略。因为"书店"既是一个机构(jīgòu institution),又是一个地方。

"工厂"、"商店"、"学校"、"教室"、"银行"、"饭店"、"邮局"……都可以指一个地方,我们可以说:

(3)他现在在学校(里)。

(4)我看见他从邮局(里)出来。

(5)我今天晚上到教室(里)看书去。

但是,"房间"、"桌子"、"瓶子"、"衣柜"、"书包"……不是地方,只是东西,所以"里"就不能省略了。例如:

(6)他现在在房间里。

(7)书都在书包里。

52."在中国里"还是"在中国"?

[**要点提示**]不能说

　　　　※他现在在中国里学习汉语。

　　　　※他在北京里工作。

　　在国名、地名后面不用"里"。例如:

　　　　(1)他现在在中国学习汉语。

　　　　(2)他在北京工作。

　　　　(3)他下午到北京大学去。

　　　　(4)他昨天从天津来的。

53."北东"还是"东北"?

[**要点提示**]不能说:

　　　　※北东/※南东/※北西/※南西

在学习"东南西北"时,要注意汉语不说:

　　　　※北东　　　　※南东

　　　　※北西　　　　※南西

而是说:

　　　　东北　　　　西北

　　　　东南　　　　西南

例如：

(1)他来自西南地区。

(2)他是东北人。

(3)复旦大学在上海的
东北角。

54."书店左边"和"左边的书店"

[要点提示]不能说：

※邮局在左边书店。

※前面我家有一条河。

"书店左边"≠"左边的书店"。"书店左边"是告诉我们"什么
地方"，"左边的书店"是告诉我们"哪个书店"。

图 1

图 2

例如:

   (1)邮局在<u>书店左边</u>,银行在<u>书店右边</u>。(见图1)

   (2)<u>书店左边</u>有一个邮局,<u>书店右边</u>有一个银行。(见图1)

   (3)这儿有两个书店。<u>左边</u>的书店卖中文书,<u>右边</u>的书店
      卖外文书。(见图2)

一、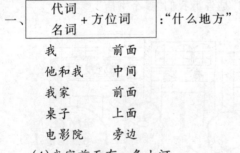 :"什么地方"

     我   前面

     他和我   中间

     我家   前面

     桌子   上面

     电影院   旁边

   (4)<u>我家前面</u>有一条小河。

   (5)<u>桌子上(面)</u>放着许多书。

   (6)——请问,邮局在哪儿?

      ——邮局在<u>电影院旁边</u>。

70

二、 方位词 + "的" + 名词 : "哪个/些人"
                          "哪个/些东西"

前面	的	那个人
下面	的	东西
你家前面	的	那条小河

(7)你家前面的那条小河叫什么名字?

(8)——那两个人是谁?

　　——前面的那个(人)叫大田,后面的那个叫木村,都
　　是日本人。(见图3)

图3

(一)选择填空:

(1)词典在____。(A 上面桌子　　B 桌子上面)

(2)日本在____。(A 东边中国　　B 中国东边)

(3)____是孩子们的卧室。(A 外面的房间　B 房间的外面)

　　____是我和妻子的卧室。(A 里面的房间　B 房间的里面)

(4)小李坐在____(A 我左边　　B 左边的我)

71

(5)照片上的两个人，____是我弟弟。

(A 那个左边　　B 左边的那个)

(二)想一想,(a)和(b)一样不一样?

(1)a.我在电影院对面等你。

b.我在对面的电影院等你。

(2)a.他坐在汽车前面。

b.他坐在前面的那辆汽车上。

55.“我家离学校……”和“从我家到学校……”

[要点提示]不能说:

　　※我家从学校很远。

一、a 离 b……

a、b 可以是时间,也可以是地点。例如:

(1)现在离吃晚饭还早。

(2)现在离下课还有 5 分钟。

(3)今天离星期天只有 3 天了。

(4)我家离学校很远。

(5)我家离学校有 10 多公里。

(6)学校离我家很远,有 10 多公里。

(1)—(3)表示时间的距离,(4)—(6)表示两个地方的距离。

二、从 a 到 b……

a、b 可以是时间,也可以是地点。例如:

(7)从我家到学校有 10 多公里。

(8)从我家到学校要 20 多分钟。

(9)从我家坐车到学校要 20 多分钟。

(7)—(9)表示两个地方的距离。

(10)从星期一到星期五,我们每天上午都有课。

(11)我们每天上午从 8 点到 11 点半都在教室上课。

(10)、(11)表示两个时点的距离。

选择"从"或"离"填空:

(1)现在_____十点钟还有五分钟。

(2)_____上海到北京有多远?

(3)上海_____北京有多远?

(4)他_____英国来的。

(5)_____现在开始,在课堂上只能说汉语,不能说英语。

56."朝南"、"向前走"和"往桌上一放"

[**要点提示**]不能说

※他们都往我看。

※他把书向桌上一放。

"朝"、"向"、"往"这三个词有时候差不多,有时候不一样。

一、"朝"除了介词外,还可以是动词。例如:

(1)这个房间朝南,那个房间朝北。

这时只说"朝",不说"往"。

二、表示动作的方向时,"朝"、"向"、"往"常常都可以说。例如:

　　(2)一直朝/向/往前走。

　　(3)请大家朝/向/往这儿看。

但是,"朝/向"的宾语还可以是表示人或东西的代词、名词,"往"不行。"往"的宾语只能是方位、处所词语。例如:

　　(4)他们都朝/向我看。

不能说:

　　(5)※他们都往我看。

应该说:

　　(6)他们都往我这儿看。

三、如果表示人或事物的位置的移动、变化,应该用"往",例如:

　　(7)他把书往桌上一放,就出去玩了。

"书"本来在他手里,现在放到了桌子上,"书"的位置发生了移动、变化。这种情况下不能用"朝"、"向"。再如:

　　(8)他回到家,往沙发上一坐,看起报来。

_____

用"朝"、"向"、"往"填空:

　　(1)他的宿舍＿＿北。

　　(2)去首都剧场应该＿＿哪边儿走?

　　(3)他＿＿我扔过来一个球。

　　(4)他们什么东西都爱＿＿墙上挂。

　　(5)他正在＿＿杯子里加水。

　　(6)别＿＿那头野猪开枪!

　　(7)他＿＿那头野猪身上开了一枪。

57."向你学习"和"跟你学(习)"

[要点提示]"向……学习"和"跟……学(习)"不一样。

"向……学习"和"跟……学(习)"不完全一样。"向……学习"
是"把……作为榜样(bǎngyàng model)"的意思。例如:

(1)向雷锋同志学习。

(2)老师说:"马丁上课最认真,成绩最好,同学们都要向
　　他学习。"

"跟你学(习)"是"你当教师,我当学生,你教我"的意思。例
如:

(3)老师,我想跟你学(习)画中国画,好吗?

58."对"和"对于"

[要点提示]"对"和"对于"是介词,引出动作或行为的对象。
　　　　　　"对"还有"向"、"朝"、"对待"的意思。

"对"和"对于"多跟后面的名词组成介词词组,引出动作或行
为的对象。例如:

(1)我对(对于)中国画很感兴趣。

　　(感兴趣的对象是中国画)

(2)我们对(对于)服务员的服务态度感到非常满意。

　　(感到满意的对象是服务员的态度)

(3)对(对于)你们的盛情款待表示衷心的感谢。

　　(感谢的对象是你们的盛情款待)

"对"和"对于"的区别有：

一、"对于"不可以用在能愿动词和副词后面。例如：

　　(4)a.你应该对(※对于)这起交通事故负责。

　　　　b.你对(对于)这起交通事故应该负责。

　　　　c.对(对于)这起交通事故,你应该负责。

　　(5)a.我们会对(※对于)你的意见重新考虑的。

　　　　b.我们对(对于)你的意见会重新考虑的。

　　　　c.对(对于)你的意见,我们会重新考虑的。

　　(6)a.外国留学生都对(※对于)中国的文化感兴趣。

　　　　b.外国留学生对(对于)中国的文化都感兴趣。

　　　　c.对(对于)中国的文化,外国留学生都感兴趣。

二、"对"还可以引出动作或行为的方向或目标,有"向"、"朝"的意思。例如：

　　(7)老师对(※对于)我说:"你的发音进步很大。"

　　(8)我家的南面正对(※对于)着那幢新造的高楼。

　　(9)她对(※对于)我笑了笑。

三、"对"还有"对待"的意思。例如：

　　(10)她对(※对于)孩子很严厉。

　　(11)服务员对(※对于)每一位顾客都非常热情。

　　(12)你怎么对(※对于)工作这么不认真负责!

哪些句子只能用"对"? 哪些只能用"对"的句子经过改动也可以用"对于"?

　　(1)妈妈＿＿＿你说的话你记住了吗?

　　(2)学生们不会＿＿＿这样的安排有意见的。

　　(3)我们想＿＿＿老师的课提点儿意见和要求。

76

(4)马丁也____中国的书法感兴趣。

(5)那家公司愿意____这项工程提供贷款。

(6)他是刚来的,____这儿的情况还不十分了解。

59.“对于”和“关于”

[**要点提示**]“对于”涉及动作行为的对象和主观态度,用在主语前、
后都可以。

“关于”涉及事物的范围、内容和跟事物有关系的人和
事。只用在主语前。

“对于”和“关于”都跟涉及(shèjí involve)的事物有关系。都可
以组成介词结构在句子中作定语或状语。例如:

(1)关于(对于)这个问题,我们要研究一下。

(2)对于(关于)今年学校招生的情况,我不太清楚。

(3)对于(关于)工作的安排,大家有什么意见?

“对于”主要指出对象,以及对待事物的主观态度。“关于”主
要指出事物的范围、内容和跟事物有关系的人和事。例如:

(4)对于(※关于)这个问题,我们十分感兴趣。

(5)对于(※关于)你的热情帮助,我表示衷心感谢。

(6)对于(※关于)汉语的发音,大家应该特别重视。

(7)会议的内容是关于(※对于)安全生产的问题。

(8)这是一份关于(※对于)事故原因的调查报告。

(9)请你介绍一下关于(※对于)浦东发展的情况。

“对于”可以放在主语前,也可以放在主语后。例句(1)(2)(3)

(4)(5)(6)都可以把主语"我们"、"我"、"大家"放在"对于"的前面。"关于"只能放在主语前面。

"关于"常用在书名、文章、报告的标题中。"对于"没有这一用法。例如:

(10)这篇文章的题目是《关于环境污染的调查报告》。

用"对于"或"关于"填空:

(1)＿＿人民的生活疾苦,领导都应该十分关心和重视。

(2)我很想了解＿＿中国改革开放的新政策。

(3)我看了一本＿＿中日文化交流的书。

(4)我＿＿"了"的用法还不太清楚。

(5)＿＿外商来华投资的各种问题,这篇文章都作了说明。

(6)图书馆里有没有＿＿上海历史发展的图片和资料?

60. 什么时候用"至于"?

[要点提示] 不能说:

　　※我们是肯定要去的,关于什么时候去,我们还没决定。

"至于"表示引进一个话题。它用在句子和句子的中间,前边在谈一个话题(某个人、某个东西、某件事、某个问题),后边再谈另外一个话题(另外一个人、另外一个东西、另外一件事、另外一个问题),这时,中间用"至于"。例如:

(1)你当然应该去,至于我,就可以不去了。

(2)他只关心他自己,至于别人,他是不管不顾的。

(3)我们是肯定要去的,至于什么时候去,我们还没决定。

	话 题 1	至 于	话 题 2
(1)	你		我
(2)	对他自己		对别人
(3)	要不要去		什么时候去

完成句子:

(1)早饭我们每天都在食堂吃,至于午饭,那就不一定了。

(2)我只知道他的姓名和地址,至于_____,我就不知道了。

(3)今天我们介绍了中国的第一大河长江,至于_____,我们明天再谈。

(4)你们这些新学生都住二楼,这是学校的规定,至于_____,可以由你们自己选择。

61."通过"和"经过"

[要点提示]"通过"强调方法、手段。"经过"强调事情的过程。

(1)我常常通过(※经过)读报、看电视来了解中国的情况。

(2)他通过(※经过)小王认识了马丁。

上面两个句子为什么必须用"通过"而不能用"经过"呢?

"通过"是利用某种方式或手段来达到某个目的,或者有一个结果。

| 通过 | + | 方式或手段 | + | 动词(目的或结果) |

"经过"是说明一个已经完成的过程,使情况发生变化或出现了某个结果。

| 经过 | + | 过程(已完成) | + | 动词(结果——情况变化) |

例句(1)中"读报"、"看电视"是了解中国的方法,不是了解中国的过程。例句(2)中"小王"是认识马丁的媒介(méijiè medium)。所以这两个句子应该用"通过"。再如:

(3)通过(※经过)电脑,可以查到很多信息。

(4)我不会说汉语,他不会说英语,我们必须通过(※经过)翻译才能互相交谈。

有时候同一个句子用"通过"、"经过"都可以。它们的区别是:"通过"强调方法、手段,"经过"强调事情的过程。例如:

(5)通过(经过)小王的介绍,我认识了马丁。

(6)通过(经过)调查,我们了解了事情的真相。

(7)那个病人通过(经过)中西医结合治疗,恢复得很快。

(8)通过(经过)谈判,双方签订了合同。

只强调过程的时候,不能用"通过"。例如:

(9)经过(※通过)十几个小时的飞行,我们终于到达了北京。

(10)他们虽然经过(※通过)一次又一次的失败,但是他们毫不灰心。

(11)经过(※通过)激烈的比赛,决出了冠亚军。

"通过"还可以作动词。例如:

(1)你考试通过了没有?

(2)这儿正在修路,车子不能通过。

"经过"作动词时,表示经过某个地方,经过多少时间,经历过某件事。例如:

80

(3)请问,火车经过南京的时候停不停?

(4)我们坐火车去昆明旅行,经过三天两夜才到。

"经过"也可以作名词。例如:

(5)请你说说你们俩认识的经过。

(6)这本书写的是第二次世界大战的经过。

用"通过"或"经过"填空:

(1)我想_____你的关系,找王经理解决工作安排的问题。

(2)我喜欢_____广播、电视,介绍我们的产品。

(3)_____千百次的试验,证明这种药对医治癌症有一定疗效。

(4)请把调查的_____写成报告。

62."根据"和"按照"

[要点提示]"根据"是为什么这么说、为什么这么做。"按照"是怎么做。

"根据"作介词时,是把某一情况作为得出结论、作出判断的前提,或者是说话和行动的基础。也就是说:为什么会有这样的结论、为什么这么说、为什么这么做。有下面两种情况:

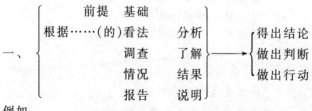

例如:

(1)根据试验的结果,证明这么做是不行的。

(2)根据天气预报,今明两天不会下雨。

(3)根据我们的调查,这件事跟他无关。

(4)你根据什么说我们的产品质量不好?

二、A＋是根据＋B＋动词(做出变动、决定)＋的。例如:

(5)这个电影是根据同名小说改编的。

(6)新的条例是根据大家的意见修订的。

(7)这个计划是根据实际情况制订出来的。

"根据"还可以作名词。例如:

有(没有)根据   找出根据   理论根据

强调的时候还可以说"有根有据"、"没根没据"。

"按照"也是介词,有"根据"的意思。偏重(piānzhòng lay particular stress on)于行为的方法、要求、规划。也可以说是怎么做。

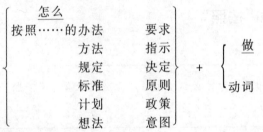

例如:

(1)他按照指定的时间到达了目的地。

(2)我们一定会按照你们的要求完成任务。

(3)如果按照这个办法去做,肯定成功。

(4)这件衣服是按照她的身材做的。

(5)他没按照汉字的笔画顺序写,所以写不快。

用"根据"或"按照"填空:

(1)你____什么说这个句子错了?

(2)____医生的判断,他的病不太严重。

82

(3)你应该＿＿＿医生说的,坚持每天吃药,注意休息。

(4)我们必须＿＿＿预定的时间到达那儿。

63.“给”有哪些用法?

[要点提示]不能说:

　　　　※他买给我一本书。

“给……”在句子中可以有三种位置。例如:

　　给他寄一封信

　　寄给他一封信

　　寄一封信给他

三种说法意思一样。再比如:

　　给他打一个电话＝打给他一个电话＝打一个电话给他

　　给他留一个纸条＝留给他一个纸条＝留一个纸条给他

但是,不是任何时候都可以有这么三种位置,还得看句子里的动词是什么。对于有的动词来说,跟“给……”一起用时,只有两种说法。如动词“卖”、“交”就只有下面两种说法:

　　卖给他一件衣服＝卖一件衣服给他

　　交给他五十块钱＝交五十块钱给他

不能说:

　　※给他卖一件衣服

　　※给他交五十块钱

(不过,上面两句话里的“给”如果表示“替”的意思,那就能这么说

83

了。)

还有的动词,如"买"、"打(毛衣)",只有下面两种说法:

给他买一本书 = 买一本书给他

给他打一件毛衣 = 打一件毛衣给他

不能说:

※买给他一本书

※打给他一件毛衣

下面我们总结一下:"给……"的位置有三种。对于一部分动词来说,"给……"在这三种位置上都可以出现,意思不变。但对于另外一部分动词来说,"给……"只能出现在其中某两个位置上。见下表:

给他寄一封信	寄给他一封信	寄一封信给他
	卖给他一件衣服	卖一件衣服给他
给他买一本书		买一本书给他

"给"除了上面一种意思以外,还有其他一些意思:

(A)"为"

(1)老师正在给学生们上课。

(2)我给你当翻译吧。

(B)"替"

(3)你去邮局的话,能不能给我寄一封信?

(4)王老师病了,今天我给他代课。

(C)"被"

(5)我的钱包给人偷走了。

表示上面(A)、(B)、(C)三个意思时,"给……"一定放在动词的前面,只有这么一个位置。

84

64. "呢"和"吗"

[**要点提示**]不能说:

　　※你去哪儿吗?

　　※今天星期三呢?

　　什么时候用"吗",什么时候用"呢"? 让我们先来看看汉语的疑问句。汉语的疑问句有四种:

　　一、是非问(shìfēiwèn)。好像英语的 Yes-No Questions,可以用"是"、"不是"、"对"、"不对"等回答的。"是非问"用"吗"(有的时候可以不用)。例如:

　　(1)A:今天星期三吗?

　　　　B:不,今天星期四。

　　(2)A:你会说汉语吗?

　　　　B:我会说一点儿。我在美国学过一年。

　　　　A:你是美国人? (你是美国人↗ = 你是美国人吗?)

　　　　B:是的。

　　(3)A:你明天去北京吗?

　　　　B:我明天不去。我后天去。

　　二、特指问(tèzhǐwèn)。好像英语的 Wh-Questions,问"谁"、"什么"、"怎么样"、"哪儿"、"多少"、"几"等。"特指问"用"呢",或者不用。例如:

　　(4)A:今天星期几?

　　　　B:今天星期四。

　　(5)A:你是哪国人?

　　　　B:我是美国人。

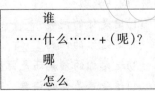

85

(6)A:你说你不想去北京,那你打算去哪儿呢?

B:我去广州。

三、反复问(fǎnfùwèn)。格式是:"V 不 V","Adj 不 Adj"、"V 没 V"、"Adj 没 Adj"等。反复问用"呢",或者不用。

(7)A:你是不是美国人?

B:我不是。

> ……V/A $\frac{不}{没}$ V/A…… +(呢)?

(8)A:他来了没有?

B:他还没来。

(9)A:你昨天说去北京,今天说不去北京,你到底去不去北京呢?

B:我还没决定。

四、选择问(xuǎnzéwèn)。格式是"……还是……"。"选择问"用"呢",或者不用。

(10)A:今天星期三还是星期四?

B:今天星期四。

> A 还是 B +(呢)?

(11)A:他明天来还是不来?

B:他不来了。

(12)A:有的人想去北京,有的人想去广州。咱们去北京还是去广州呢?

B:我看,咱们去北京吧。

从上面我们可以知道:只有(一)"是非问"用"吗"(有时不用),(二)"特指问"、(三)"反复问"、(四)"选择问"用"呢"(或者不用)。

用"呢"或"吗"填空:

(1)这是你的词典____?

(2)这是谁的词典____?

(3)这是你的词典还是他的词典____?

(4)这是不是你的词典____?

(5)票买了____?

(6)票买了没有____?

(7)你去过什么地方____?

(8)你什么地方都去过____?

65. 为什么不能说"你知道他在哪儿呢"?

[要点提示]不能说:

　　※你知道他在哪儿呢?

比较:

　　(1)他在哪儿呢?

　　(2)你知道他在哪儿吗?

　　(3)你说他在哪儿呢?

(1)、(3)用"呢",(2)用"吗"。为什么?

　　我们知道:汉语的疑问句有四种:是非问、特指问、反复问、选择问。只有"是非问"用"吗",特指问、反复问、选择问都用"呢"。上面的(1)、(2)、(3)是什么疑问句呢?

　　(1)、(2)、(3)三个句子,都有一个"哪儿",好像都是"特指问",但是,其实(2)跟(1)、(3)是不一样的。(2)不是问"在哪儿",而是问"你知道吗"。比较(2)和(3):

　　(2)你知道他在哪儿吗? = 他在哪儿 + 你知道吗

　　(3)你说他在哪儿呢? = 你说 + 他在哪儿呢

所以,(1)、(3)是"特指问",用"呢";(2)是"是"非问,应该用"吗"。

66."王老师呢"是什么意思?

[**要点提示**]"王老师呢"有两个意思。

比较:

    (1)A:王老师呢?

      B:在教室上课。

    (2)A:李老师会说德语。

      B:王老师呢?

      A:不会。

(1)和(2)里的"王老师呢"意思不一样:

    (1)"王老师呢?"="王老师在哪儿?"

    (2)"王老师呢?"="王老师会不会说德语?"

所以,同样的句型"NP呢",使用的场合不一样,意思也就不一样:
(一)如果是第一句话,意思是"NP在哪儿",(二)如果放在别的话
后面,意思是"NP怎么样"。

下面的问句是什么意思?

    (1)——我的鞋子呢?

      ——在床下。

    (2)——我明天去杭州,你呢?

      ——我后天去。

    (3)——你同屋呢?

——他出去了。

(4)——明天参观工厂。

——后天呢?

——后天休息。

67."你去哪儿"和"你去哪儿呢"

[**要点提示**]"你去哪儿"和"你去哪儿呢"意思不一样。

在特指问、选择问、反复问句中,可以用"呢",也可以不用。例如:

(1)你去哪儿?

(2)你去哪儿呢?

那么,(1)和(2)一样不一样呢?

如果你看见一位同学出去,你问他:"你去哪儿?"这时候不用"呢"。这是一个简单的、一般的问题。可是,如果你已经知道他的同学们都打算去长城,可是他不想去,他想去别的地方,这时候,你问他:"那么,你去哪儿呢?"

再比较:

(3)a.——你明天干什么?

——我明天去看朋友。

b.——你明天去看朋友吗?

——不去。

——在宿舍里学习?

——不学习。

——那,你明天干什么呢?

——我也不知道。

(4)a.——你是不是美国人?

——我是美国人。

b.——我爸爸是美国人,我妈妈是英国人。

——那么你是不是美国人呢?

——我是美国人。

(5)a.——我们要不要等他一下?

——不用了,让他一个人去吧。

b.——已经等了半个小时了,他还不来。我们还要不要等他一下呢?

——不用了,让他一个人去吧。

所以,如果是一般的、简单的问题,不用"呢";如果有比较特别的情况,因为这种比较特别的情况,使你有了一个需要进一步选择或判断的问题,这时候,可以用"呢"(也可以不用),这时候,前面常常用承接语意的连词"那么":

> ……,那么,……呢?

68."你有什么问题吗"和"你有什么问题"

[要点提示]"你有什么问题吗"跟"你有什么问题"意思不一样。

"你有什么问题吗?"≠"你有什么问题?"

"你有什么问题吗?"="你有问题吗?"

90

一般地说,如果句子里有"谁"、"什么"、"哪儿"等,句子不可以用"吗"。例如:

　　(1)你要买什么?

　　(2)你去哪儿?

但是,在"你有什么问题吗"里,"什么"没有意思,这句话不是问"你的问题是什么",这句话的意思是"你有没有问题",所以可以用"吗",一定要用"吗"。比较(3)和(4):

　　(3)A:你要买什么?

　　　　B:我要买一个面包。

　　(4)A:你要买点儿什么(东西)吗? (= 你要不要买东西?)

　　　　B:不,我不想买什么,我只是随便看看。

再比较(5)和(6):

　　(5)A:你喝什么?

　　　　B:我喝啤酒。

　　(6)A:你喝点儿什么吗? (= 你要不要喝点儿?)

　　　　B:行。那就随便喝一点儿吧。

　　　　(不,我什么也不想喝。)

69."我都去过苏州、杭州"还是"苏州、杭州我都去过"?

[要点提示]不能说:

　　※我都去过苏州、杭州。

在陈述句里,"都"只能指前面的词语,不能指后面的词语。

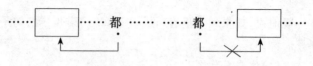

(1)今天大家都来了。

(2)上午、下午我都有课。

(3)课本和词典都带了吗？

我们不能说"我都去过苏州、杭州"。

应该说"苏州、杭州我都去过。"

(4)苏州、杭州我都去过。

不过，在问句里，"都"是指后面的"谁"、"什么"、"哪儿"等。

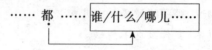

我们可以说：

(5)A:你家里都有什么人？

      B:我家里有父亲、母亲、哥哥、姐姐。

(6)A:你都去过哪儿？

      B:我去过苏州、杭州。

注意：(5)、(6)的回答都不能用"都"。

下面的句子用了"都"以后怎么说?

    (1)我读过这些书 + 都

      ⇒

    (2)你读过哪些书 + 都

      ⇒

    (3)我认识他们 + 都

      ⇒

    (4)你认识谁 + 都

      ⇒

    (5)我们认识他 + 都

      ⇒

70."不见到他"还是"没见到他"?

[要点提示]不能说:

        ※我昨天不见到他。

        ※他以前没认识我。

        ※一年以前他没会说汉语。

    比较:

      (1)我们星期六、星期天<u>不上课</u>。

      (2)我们明天<u>不上课</u>。

      (3)我们昨天<u>没上课</u>。

    (1)是一般的情况,用"不";(2)是将来的情况,也用"不";(3)

是过去的情况,一般用"没"。所以,应该说:

    (4)我昨天没见到他。

不能说:

    (5)※我昨天不见到他。

再比较:

    (6)我不喝酒。

    (7)我没喝酒。

(6)是说:"我从来不喝酒,没有喝酒的习惯",或者:"我不打算喝酒,不想喝酒"。(7)是说:"刚才/昨天……我没喝酒"。例如:

    (8)——你平时喝酒吗?

        ——一般不喝。

    (9)(在饭店)

        服务员:喝酒吗?

        顾 客:不喝,只吃饭。

    (10)——你昨天晚上喝酒了?

        ——没喝。

    但是,如果动词是:会、可以、应该、是、喜欢、认识、像……,那么,即使是过去的情况,也用"不",不能用"没"。例如:

    (11)他以前不认识我。

    (12)一年以前他不会说汉语。

比较:

    (13)一年以前他不会说汉语。

    (14)一年以前他还没学会说汉语。

(13)里的动词"会"前面用"不",(14)里的动词"学"前面用"没"。

_____

用"不"或"没"填空:

    (1)来中国以前,他____学过汉语。

    (2)他昨天病了,所以____去上课。

94

(3)那个地方冬天＿＿＿下雪。

(4)我从来＿＿＿喝酒。

(5)我昨天在他家里只喝了点儿可乐，＿＿＿喝酒。

(6)我以前＿＿＿喜欢跳舞，现在喜欢了。

(7)你是谁？我＿＿＿认识你啊。

(8)我从来＿＿＿见过熊猫，今天是第一次见。

71."不"可不可以指过去？

[**要点提示**]"不"也可以指过去,表示主观意愿。

下面的句子对不对？

(1)那时候你不听我的劝告,现在后悔了吧？

(2)那时候你没听我的劝告,现在后悔了吧？

(1)、(2)都是指过去的事,(1)用了"不",(2)用了"没",都不错。但意思有点儿不一样。"没（有）"用于客观叙述（kèguān xùshù objective narration）,"不"用于主观意愿（zhǔguān yìyuàn desire）。例如：

(3)当时我劝过他多次,可他就是不听。

(4)今天早上我太忙了,没听天气预报。

(3)"不听"是"不肯听"、"不愿听",表示主观意愿;(4)"没听"是客观叙述。

72."一本真便宜的书"还是"这本书真便宜"?

[**要点提示**]不能说：
> ※这是一本真便宜的书。
> ※这是一本便宜极了的书。

看下面的句子：

(1)这本书真便宜！

(2)这本书便宜极了！

(3)这本书好得很。

(4)今天热死了。

(5)我累坏了。

这几句都是感叹句。这里"真便宜"、"便宜极了"、"好得很"、"热死了"、"累坏了"的意思是：非常便宜、非常好、非常热、非常累。表示"程度很高"的意思时，"真……"、"……极了"、"……得很"、"……死了"、"……坏了"只能作谓语，不能作主语。不能说：

(6)※真便宜的书

(7)※便宜极了的书

(8)※好得很的书

(9)※热死了的天气

(10)※累坏了的人

不过，如果有一个人热得受不了，真的死了，那么，我们可以说"那个热死了的人"，如果有一个人累得病了，我们也可以说"那个累坏了的人"。这是陈述句。

96

73. "怎么"有几个意思？

[**要点提示**]"怎么"有多个意思。

看下面的句子：

    (1)他(是)怎么来的？

    (2)他怎么也来了？

    (3)怎么,他也来了？

    (4)他不怎么来。

    (5)他怎么会来呢？

例(1)的"怎么"是问"怎么样"的意思。回答是："他坐飞机来的"或"他坐汽车来的"。

例(2)的"怎么"是"为什么"的意思。说话的人觉得他本不该来,现看到他也来了,有点儿奇怪。

例(3)的"怎么"是表示"吃惊"的语气,放在句子开头。

例(4)的"不怎么"是"不太"、"不很"的意思。"不怎么来"就是"很少来"。

例(5)是反问句。"怎么会来呢"就是"当然不会来"的意思。句末常有"呢"。(参见第200条)。

(一)、下面句子中的"怎么"是什么意思？

    (1)这个字怎么写？

    (2)你怎么在这儿？

    (3)怎么,今天没电？

    (4)这电影不怎么好看。

    (5)学生:老师,我不参加明天的考试,可以吗？

97

老师:那怎么可以?

(二)、完成对话:

(1)A:你怎么知道我住在这儿?

B:＿＿＿＿＿＿＿＿＿＿＿＿＿＿＿。

(2)A:你昨天怎么没来上课?

B:＿＿＿＿＿＿＿＿＿＿＿＿＿＿＿。

(3)A:汽车怎么还不来!

B:＿＿＿＿＿＿＿＿＿＿＿＿＿＿＿。

(4)A:怎么,你也来了!

B:＿＿＿＿＿＿＿＿＿＿＿＿＿＿＿。

74.“有点儿”和“一点儿”

___

[**要点提示**]不能说:

　　　※他今天一点儿不高兴。

___

　　什么时候用“一点儿”,什么时候用“有点儿”? 请看下面三组句子:

一、| “有点儿”+形容词/动词 |

　　(1)东西有点儿贵。

　　(2)房间有点儿脏。

　　(3)他今天有点儿不高兴。

　　(4)他有点儿喜欢上她了。

二、　| 形容词+“(一)点儿” |

(5)这件比那件贵一点儿。

(6)房间脏了一点儿。

(7)请说得慢一点儿。

三、 动词＋"(一)点儿"＋(名词)

(8)桌子上有(一)点儿水。

(9)他今天买了(一)点儿菜。

(10)随便吃(一)点儿吧。

注意:"东西有点儿贵"和"桌上有点儿水"不一样。"有点儿贵"是:"有点儿＋贵","有点儿"是副词,表示程度。"有点儿水"是:"有＋(一)点儿水","有"是动词,"(一)点儿水"是动词的宾语。

另外,在表示强调的时候,用"一点儿……也……"。例如:

一点儿也不贵　　一点儿水也没有

一点儿也不脏　　一点儿菜也没买

─────────────

用"有点儿"或"一点儿"填空:

(1)今天他＿＿感冒。

(2)我＿＿头疼。

(3)他比我高＿＿。

(4)这个字写得小了＿＿。

(5)他＿＿累了。

(6)他＿＿也不累。

(7)他送给我＿＿礼物。

(8)这是我的＿＿心意,请你收下吧。

(9)请你说得慢＿＿。

75. "比较不远"还是"比较近"?

[要点提示]不能说:
　　　　※我家离学校比较不远。

"比较"后面不能用否定式。不能说:
　　(1)※我家离学校比较不远。
　　(2)※这儿比较不干净。
　　(3)※这东西比较不贵。
应该说:
　　(4)我家离学校比较近。
　　(5)这儿比较脏。
　　(6)这东西比较便宜。
或者:
　　(7)我家离学校不太远。
　　(8)这儿不太干净。
　　(9)这东西不太贵。

76. "有点儿便宜"还是"比较便宜"?

[要点提示]不能说:
　　　　※她今天有点儿高兴。
　　　　※这儿的东西有点儿便宜。

100

"有点儿"表示程度不高,一般只用在不愉快、不喜欢的事情上。例如:

(·1)她今天有点儿不高兴。

(2)这儿的东西有点儿贵。

(3)这个房间有点儿脏。

(4)汽车上有点儿挤。

(5)我家离学校有点儿远。

看下面的表:

	有点儿	比较
贵	这儿的东西有点儿贵	这儿的东西比较贵
便宜		这儿的东西比较便宜

"贵"是我们不喜欢的,"便宜"是我们喜欢的。"比较贵"、"比较便宜"都能说,但只能说"有点儿贵",不说"有点儿便宜"。

不过,如果句子里有"变化"的意思,那么,不管是好事还是坏事都可以用"有点儿"。例如:

(6)小伙子开始有点儿喜欢她了。

(7)小伙子开始有点儿讨厌她了。

77.“太便宜了”和“太便宜”

[要点提示]不能说:

　　　　　※我很喜欢住在那儿,那地方东西太便宜。

　　　　　※中国太大,有很多游览的好地方。

"太"有两个意思:一个是"非常"的意思,一个是"不合适"的意思。

"太便宜了"是"非常便宜"的意思,这时"太"应该重读
(zhòngdú be stressed)。如果用"太 A 了","太"重读的话,就是"非
常……",它可以是你喜欢的事,也可以是你不喜欢的事。例如:

太贵了 太便宜了

太脏了 太干净了

太伤心了 太高兴了

太吵了 太安静了

(1)我不喜欢住在那儿,那地方东西太贵了。

(2)我喜欢住在那儿,那地方东西太便宜了。

如果我们把重音(zhòngyīn stress)放在"便宜"上,说成:"太便
宜(了)。"这时的意思是说:这么便宜是不合适的。这时也可以没
有"了",只说"太便宜",意思一样。所以,如果用"太A(了)",重音
在"A"上的话,就是你觉得不合适,一定是你不喜欢的事。例如:

(3)A:这东西大概质量不好。

B:为什么? 你怎么知道?

A:因为这东西太便宜(了),太便宜的东西往往质量
比较差。

从上面我们知道,如果只说"太……",没有"了",那一定是不
好的、不合适的、我们不喜欢的事。所以,我们一般只说:太贵、太
脏、太伤心、太吵;一般情况下不说:太便宜、太干净、太高兴,太安
静,因为这些都是好事,是我们喜欢的事。如:

(4)我不喜欢住在那儿,那地方东西太贵。

如果你去你朋友家时,你觉得你朋友家里很干净,你当然应该
说:

(5)你家太干净了!

你如果说:

102

(6)※你家太干净。

那就有点儿奇怪了,因为(6)的意思是说:你家不应该这么干净,我不喜欢这么干净。

78.“又说了一遍”和“再说一遍”

[**要点提示**]不能说:

　　　※他明天说过一遍,刚才再说了一遍。

　　　※老师,我没听清楚,请你又说一遍。

比较下面三句话:

　　(1)这电影我以前看过,昨天又看了一遍。

　　(2)这电影我以前看过,明天再看一遍。

　　(3)这电影我以前看过,明天还想看一遍。

(1)里是“昨天”,(2)、(3)都是“明天”。就是说,如果是已经发生的事,用“又”;如果是还没有发生的事,就用“再”或“还”。所以,应该说:

　　(4)他昨天说过一遍,刚才又说了一遍。

　　(5)老师,我没听清楚,请你再说一遍。

不过,有时候,事情虽然还没有发生,但是已经决定了,或者按照规律一定是这样的,可以说“又要/该……了”。注意:这时“又”后面有“要”或“该”,句子最后有“了”。例如:

　　(6)寒假快结束了,又要上课了。

　　(7)他刚从杭州回来,明天又要去南京了。

选择"又"或"再"填空:

(1)他昨天上午来找你,你不在,昨天下午____来了。

(2)我今天去找他,他不在,明天还得____去一次。

(3)你怎么____感冒了?

(4)请大家____听一遍。

(5)明天____是星期一了,____要上课了。

(6)——____喝一杯吧。

　　——不,不能____喝了,我已经有点儿醉了。

79."想再去一次"、"还想去一次"和"还想再去一次"

[**要点提示**]不能说:

　　　　※那个地方不错,他再想去一次。

　　　　※那个地方不错,他想还去一次。

"还"、"再"都可以表示将来的重复,但用法有点儿不一样。

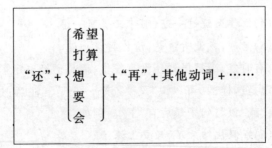

例如:

104

(1)那个地方不错,他还想去。

(2)那个地方不错,他想再去一次。

(3)那个地方不错,他还想再去一次。("想"前面用"还",
"想"后面用"再")

再如:

(4)这电影太好了,我明天还要看。

(5)这电影太好了,我明天再看一遍。

(6)这电影太好了,我明天还要再看一遍。("要"前面用
"还","要"后面用"再")

用"再"或"还"填空:

(1)这本词典你____要用吗?

(2)我想____用一下你的词典,可以吗?

(3)请____说一遍。

(4)这个问题解决了,____会遇到新的问题。

(5)我们____想____听一遍。

80."再喝一杯啤酒"和"还喝啤酒"

[**要点提示**]不能说:

　　※我们还喝一杯啤酒吧。

　　※我们再喝啤酒吧。

比较:

(1)a.晚上我再给你讲一遍这个故事。

105

　　　　　　b. 晚上我还给你讲这个故事。

　　(2)a. 我们再喝几杯啤酒吧。

　　　　　　b. 我们还喝啤酒吧。

　　(3)a. 明年我再学一个月汉语。

　　　　　　b. 明年我还学汉语。

　　(4)a. 下午你们再练练口语吧。

　　　　　　b. 下午你们还练口语。

　　上面几个句子中的"还"、"再"都表示将来的重复, a句用了"再", b句用了"还"。有什么不一样呢? 我们发现, a句里都有数量的意思, 如(1)a有"一遍", (2)a有"几杯", (3)a有"一个月", (4)a用了动词的重叠式。b句呢, 没有数量, 只是简简单单的一个动词。有数量意义的句子中, 我们用"再", 表示数量的增加, (如: 已经喝了几杯, 再喝几杯); 没有数量意义的句子中, 我们用"还", 表示内容不变(如: 上一次是"喝啤酒", 这一次还是"喝啤酒"), 是"仍旧"的意思。

81. "明天再去一次"和"明天再去吧"

[**要点提示**]"再"可以表示重复, 还可以表示推迟。

　　比较:

　　　　(1)今天去了一次, 明天再去一次。

　　　　(2)今天没有时间了, 明天再去吧。

　　(1)和(2)的意思不一样。(1)里的"再"表示重复, 就是说: 今天已经去了一次, 明天还要去第二次。(2)里的"再"表示"推迟"(tuīchí postpone), 就是说: 本来打算今天去, 可是今天来不及了, 所以推迟到明天。表示"推迟"的"再"前面一般都有表示时间的词语,告诉我们推迟到什么时候。

> 什么时候 + "再"(推迟) + 动词

下面两句里的"再"都表示"推迟":

(3)A:电影票没买到,怎么办?

B:没关系,今天不看了,明天再看吧。

(4)A:时间不早了,我该回去了。

B:别着急。外面正在下雨,等雨停了以后再回去吧。

用表示"推迟"意义的"再"字完成句子:

(1)老师:明天考试。

学生:我们来不及准备,能不能_____?

(2)A:你马上就来吧。

B:我现在没空,_____,可以吗?

(3)A:我明天去看你,你在家吗?

B:明天我不在家,后天在家。你_____吧。

82."八点钟就来了"和"八点钟才来"

[**要点提示**]"就"表示说话人觉得早、少,"才"表示说话人觉得晚、多。

"就"表示说话人觉得早、少,"才"表示说话人觉得晚、多。比较:

(1)电影晚上八点半开始,他八点钟就来了。

(2)电影晚上七点半开始,他八点钟才来。

在(1)里,说话人觉得他来得很早;在(2)里,说话人觉得他来得很晚。再如:

(3)从我家骑自行车到学校,只要 5 分钟就到了。

(4)从我家骑自行车到学校,要 30 分钟才到。

在(3)里,说话人觉得 5 分钟时间很短,他家离学校比较近;在(4)里,说话人觉得 30 分钟时间很长,他家离学校比较远。

注意:用"就"时,句子里有"了",如(1)、(3);用"才"时,一般不用"了"。

用"就"或"才"填空:

(1)她十七岁＿＿＿结婚了。

(2)她四十岁＿＿＿结婚。

(3)她常常迟到,我们已经上了半节课了她＿＿＿来。

(4)每天,别人还在睡觉,她＿＿＿起床了。

(5)这么多的生词,她只用半个小时＿＿＿＿全都记住了,可是我用了一个半小时＿＿＿记住。

(6)哎呀,你怎么＿＿＿来?我们等你半天了。

83."都八点钟了"和"才八点钟"

[**要点提示**]"都"表示说话人觉得晚、多;"才"表示说话人觉得早、少。

"都"是"已经"的意思,表示说话人觉得时间晚、数量多;"才"

是"只"的意思,表示说话人觉得时间早、数量少。比较:

    (1)都八点钟了,你怎么还在睡觉?

    (2)才五点钟,你怎么就起床了?

在(1)里,说话人觉得"你"起得太晚;在(2)里,说话人觉得"你"起得太早。再如:

    (3)你都买了五双皮鞋了,别买了吧。

    (4)我才买了两双,还想再买一双。

    在(3)里,说话人觉得"五双"已经很多了;在(4)里,说话人觉得"两双"太少。

    注意:用"都"时,句子最后有"了";用"才"时,句子最后没有"了"。

用"都"或"才"填空:

    (1)＿＿晚上十二点了,他还没回来!

    (2)＿＿下午四点钟,他们已经在吃晚饭了。

    (3)你＿＿看了三个小时电视了,该休息一下了。

    (4)这篇文章你＿＿写了一百个字,太短了!

84."才演了一个半小时"和"一个半小时才演完"

[**要点提示**]"才"的意思跟"才"的位置有关。

---

    (1)这场戏才演了一个半小时。

    (2)这场戏一个半小时才演完。

    句子(1)的意思是:说话人觉得"一个半小时"时间很短,"才"是"只"的意思;句子(2)的意思是:说话人觉得"一个半小时"时间很长。

"才"有的时候表示说话人觉得"多",有的时候表示说话人觉得"少"。如果数量放在"才"的后面,是"少"的意思;如果数量放在"才"的前面,是"多"的意思。比较 A 组和 B 组:

A: | ⋯⋯才⋯⋯数量⋯⋯ | :说话人觉得少、早。

 (3)昨天的晚会才来了十个人。   （人少）

 (4)我才看了两遍,当然记不住。 （次数少）

 (5)我的汉语不好,我才学了三个月。 （时间短）

 (6)这孩子才四岁,却已经上学了。 （年纪小）

 (7)别着急,今天才星期三。   （时间早）

B: | ⋯⋯数量⋯⋯才⋯⋯ | :说话人觉得多、晚。

 (8)这桌子太重了,四个人才把它搬走。 （人多）

 (9)我看了五遍才记住。   （次数多）

 (10)他学了半年才学完第一册。 （时间长）

 (11)这孩子十岁才上学。   （年纪大）

 (12)你应该星期一来,为什么星期二才来? （时间晚）

A 组"才"可以和"就"一起用: | 才⋯⋯数量⋯⋯就⋯⋯ | 。例如:

 (13)这孩子才四岁,就已经上学了。(年纪小,上学上得早)

 (14)他才学了三个月,就已经说得很好了。(时间短,学得快)

 (15)才七点钟,他就来了。   （时间早,来得早）

下面句子里的"才"是什么意思?（A. 多 B. 少 C. 早 D. 晚）

(1)才六点半,再睡一会儿吧。

(2)他每天七点半才起来。

(3)才十块钱,能买什么!

(4)这小玩具他花了十块钱才买来的。

(5)你怎么才吃这么一点?

110

(6)我们班才三个人。

(7)我等了半天汽车才来。

85."好吃"、"好写"和"好热闹"

[要点提示]"好"有好几个意思。

"好"的意思很多,常见的有:

一、好看　　好吃　　好听　　　好玩儿

　　难看　　难吃　　难听

"好看"就是"漂亮",反义词是"难看";"好吃"就是"味道好",反义词是"难吃"……。例如:

(1)他的声音很好听。

(2)这个地方很好玩儿,有许多名胜古迹。

(3)这张照片上的人真难看。

二、好写　　好记　　好办

　　难写　　难记　　难办

"好"是"容易"的意思,"难"就是"不容易"。例如:

(4)"包裹"这两个字,"包"很好写,"裹"很难写。

(5)他的电话号码是7654321,很好记。

(6)——我想去植物园看看,可是不认识路。

　　　——那好办,等我回家的时候,你跟我一起去吧,植物
　　　　　园就在我家旁边。

比较下面三句话:

(7)这本书的封面很难看。

(8)这本书很难看懂。

(9)这本书很难读。

"很难看懂"="很难读"≠"很难看"。

三、"好"强调"多"或"久"。

好几个人　　好几年　　好多事情　　好久不见

四、表示程度高,常用于感叹句。

(10)街上人好多呀!

(11)这件衣服好漂亮啊!

(12)好大的房间! 你一个人住吗?

五、表示目的。

(13)今晚你早点儿休息,明天好早点儿起床。

(14)到那儿后给我打个电话,好让我放心。

86."再好没有了"是什么意思?

[要点提示]"再……没有了"是"最……"的意思。

"再好没有了"的意思是:没有比这个更好的了。就是说:这是最好的。

看下面各句里的"再……没有了":

(1)朋友结婚,送这种礼物再合适没有了。(这种礼物最合适了)

(2)这儿的东西再便宜没有了。 (这儿的东西最便宜了)

(3)坐飞机再快没有了。(坐飞机最快了)

(4)这篇文章再容易没有了。(这篇文章最容易了)

112

87."再热下去我可受不了了"是什么意思?

[要点提示]"再"有"继续"、"更加"的意思。

(1)天气越来越热了,再热下去我可受不了了。

这里的"再"是"继续"的意思("下去"也是"继续"的意思)。这句话的意思是:如果天气继续热下去的话,我可受不了了。"再"也可以是"更加"的意思。例如:

(2)不能再大了,再大我就穿不上了。

意思是:如果比这更大的话,我就穿不上了。

注意:(1)、(2)里的第二句话里,前面都有"如果"的意思,但"如果"常常不说。下面再看几个句子:

(3)再冷下去就该下雪了。

(4)离开车只有半个小时了,再不走,就坐不上了。

(5)再哭,小朋友们就不跟你玩了。

(6)这房间再大一点儿就好了。

(7)再便宜一点儿我就买下了。

上面几句里的"再"是"继续"或"更加"的意思,"再"的前面都可以加上"如果"。

88."我又不知道"和"你还会不知道"

[要点提示]"我又不知道"里"又"表示加强否定;"你还会不知道"则是反问句。

比较：

(1)这事儿我又不知道，干吗问我？

(2)你是领导，这么大的事你还会不知道？

这儿，"我又不知道"＝"我不知道"，前面一个小句是否定句，用了"又"以后，使后面一个小句的语气更加有力。(1)的意思是：我不知道，所以根本不应该问我。再如：

(3)我又不是老虎，你怕什么？

(4)路又不远，骑什么车，走过去就行了。

但是，"你还会不知道"＝"你肯定知道"，这是一个反问句，肯定的形式表示否定，否定的形式表示肯定。再如：

(5)这还能假！（这不可能是假的）

(6)那还用说！（那不用说，那是当然的）

有些用"还"的反问句还有责备(zébèi blame)对方"不应该这么说"、"不应该这么做"的意思。例如：

(7)都十二点了，你还说早！（你不该说早）

(8)还站在这儿干什么？还不快进屋去！（你不应该站在这儿，应该进屋去）

"又"也可以用在反问句里，但用"又"的反问句里常常有疑问词。如：

(9)你这些话又能骗谁呢？

(10)说说又有什么关系？

用"又"或"还"填空：

(1)下雨____有什么关系，咱们照样锻炼！

(2)从这儿到学校要一个多小时呢，你____说不远！

(3)你今天买这个，明天买那个，你花的钱____少吗？

(4)下课了，____不休息休息！

114

(5)我____没告诉他,他怎么会知道?

(6)他____没问我,我为什么一定要回答?

(7)看电影____有什么意思,不如踢球去。

89."刚才"和"刚刚"

[要点提示]"刚才"是表示过去的一小段时间的名词;"刚刚"是说明动作发生的时间的副词,也可以说"刚"。

"刚才"和"刚刚"都跟时间有关系。它们的区别主要有以下几方面:

一、"刚才"是名词,指过去的一小段时间,放在主语前面或者后面都可以。"刚刚"是副词,也可以说"刚",说明动作发生的时间。只用在动词前面。试比较:

1.(1)A:刚才你在干什么?

　　　B:刚才我在吃饭。

　(2)A:你刚才去哪儿了?

　　　B:我刚才去马丁那儿了。

　(3)A:马新刚才来过这儿吗?

　　　B:刚才他来过这儿。

2.(1)A:你早就吃完饭了?

　　　B:不,我刚刚吃完(饭)。

　(2)A:你什么时候来的?

　　　B:我刚来。

　(3)A:你这件衣服买了多长时间?

B:这件衣服刚买来一个星期。

从两组的三例对话中可以看出,用"刚才"的句子,要得到的信息(xìnxī information)在"刚才"后面的句子成分中。用"刚刚"的句子,要得到的信息在"刚刚"。

二、"刚才"没有否定式,但是后面可以带否定式——"刚才"+"不"或"没有"。"刚刚"的否定式是"不是刚刚 + V"。例如:

(1)刚才不(没)下雨,怎么忽然下起这么大的雨。

(2)A:刚刚开始下雨吗?

B:不是刚刚下雨,已经下了好一会儿了。

三、"刚才"只跟现在(说话的时候)以前的那段时间有关系。"刚刚"说明动作发生的时间不久,也可以指过去的某一时候。请看下面一段对话:

(A 和 B 两人刚看完电影)

A:你觉得刚才的电影怎么样?

B:很不错。是刚上映(shàngyìng show)的新片子吗?

A:不是刚上映的,听说半年前放过。

B:我想半年前这个电影刚上映的时候,票子一定很难买吧。

A:那当然。刚才我还看见很多人在等退票呢。

对话中,"刚刚"还可以指半年前的某个时候。

四、"刚刚"后面还可以用"就"、"又",表示两件事在短时间内紧接着发生。另外"刚刚"对时间的长短带有主观的看法。例如:

(1)我刚进门,就听见电话铃响了。

(2)练习本刚买来不久又用完了。

(3)A:你来上海很长时间了吧?

B:不,我刚来一年多。

例句(3)中 B 认为自己来上海的时间不算长,所以回答用"刚刚"。

"刚刚"除了表示时间以外,还有空间(kōngjiān space)、数量正好的意思。一般说"刚好"。例如:

(4)这个教室刚好坐得下 20 个学生。

(5)我刚刚满 18 岁。

(6)两斤苹果加两斤橘子刚好五元。

用"刚才"或"刚刚"填空:

(1)＿＿＿谁给我打电话?

(2)我跑到车站的时候,汽车＿＿＿开走。

(3)你的身体＿＿＿好,还是要注意休息。

(4)＿＿＿的那阵雨好大啊。

(5)＿＿＿学的生词怎么已经忘了。

(6)我觉得现在比＿＿＿舒服多了,明天可以去上课了。

(7)我＿＿＿来上海的时候觉得不太习惯。

(8)＿＿＿跟你打招呼的人也是留学生吗?

90."突然"和"忽然"

[**要点提示**]"突然"是形容词,除了作状语以外,还能作定语、谓语、补语。

"忽然"是副词,只能作状语。

"突然"和"忽然"都用在没想到,出乎意料(chūhūyìliào unexpected)的情况下。例如:

(1)我正要出去,忽然(突然)下起了一阵大雨。

（2）我的自行车刚才还在这儿,怎么忽然(突然)不见了。

（3）忽然(突然)停电了。

"突然"是形容词,除了作状语以外,还能作定语、谓语、补语。"忽然"是副词,只能作状语。

"突然"的其他几种用法:

一、突然＋(的)＋名词。例如:

（1）情况发生了突然的变化。

（2）这是一起突然的事故。

（3）有一个突然的消息要告诉你们。

二、"很"(程度副词)＋突然;突然＋"极了"或"得很"。例如:

（1）事情的发生很(太、非常、十分)突然。

事情的发生突然极了(得很)。

（2）天气的变化很突然。

天气的变化突然极了(得很)。

三、动词＋得＋(……)突然。例如:

（1）他的病来得有点儿突然。

（2）事故发生得那么突然。

四、其他。例如:

（1）你认为发生这样的事情突然吗?

（2）这儿发生地震并不突然,人们早有预感。

以上句子中的"突然"都不可以换作"忽然"。

91."到底"、"究竟"和"终于"

[要点提示]到底₁＝究竟₁,表示追问。

118

到底$_2$＝究竟$_2$，表示强调事物的本质或特征。

到底$_3$＝终于，表示经过较长时间或过程，出现了某种情况或结果。

"到底"和"究竟"都可以用在疑问句中表示追问。有两种情况。请看例句：

(1)你到底(究竟)买不买？

(2)别的星球上到底(究竟)有没有生命？

(3)我们到底(究竟)应该朝东走还是朝北走？

(4)这样回答到底(究竟)对还是错？

(5)到底(究竟)这个人是谁？

(6)他的病到底(究竟)怎么样了，要紧不要紧？

(7)飞机到底(究竟)什么时候到上海？

(8)你们到底(究竟)来了几个(多少)人？

例句中的主语可以在"到底"或"究竟"的前面，也可以在"到底"或"究竟"的后面。上述例句可以归结为以下几种句型：

$$(1)（主）+ \begin{matrix} 到底 \\ 究竟 \end{matrix} +（主）+ \begin{matrix} V 不 V \\ V 还是不 V \\ 有没有 \end{matrix}$$

$$(2)（主）+ \begin{matrix} 到底 \\ 究竟 \end{matrix} +（主）+ A \begin{bmatrix} 动词 \\ 形容词 \\ 短句 \end{bmatrix} + 还是 + B \begin{bmatrix} 动词 \\ 形容词 \\ 短句 \end{bmatrix}$$

$$(3)（主）+ \begin{matrix} 到底 \\ 究竟 \end{matrix} +（主）+ V + \begin{matrix} 疑问代词(谁、什么、怎么样、哪儿) \\ 疑问词(几、多少) \end{matrix}$$

注意：回答时不用"到底"或"究竟"。例如：

(9)A：天气预报说到底(究竟)明天下不下雨？

B：明天不下雨。

(10)A：你到底(究竟)想去北京还是想去西安？

119

B:我想先去西安然后去北京。

主语是疑问代词:

(11)到底(究竟)谁打碎了那个花瓶?

(12)到底(究竟)哪儿是售票处?

(13)你说,到底(究竟)哪种颜色好?

(14)到底(究竟)什么地方可以停车?

例句(11)到(14)的主语都是疑问代词,因此"到底"或"究竟"

必须在句子最前面:$\genfrac{}{}{0pt}{}{到底}{究竟}$ + 疑问代词 + (　　)

注意:没有"到底……吗"或"究竟……吗"的句式。

(15)※他到底是你的女朋友吗? 她到底是不是你的女朋友?

(16)※火星上究竟有人吗? 火星上究竟有没有人?

"到底"和"究竟"都可以用在陈述句中,一般用来强调说明某一特性、原因。相当于"毕竟"的用法。例如:

(17)他到底(究竟)是一位有经验的老师,他讲的课我们很

　　容易听懂。

(18)到底(究竟)已经九月初了,不会再出现高温天气了。

(19)他们到底(究竟)是年轻人,玩了一天也不觉得累。

"到底"和"终于"都可以表示经过较长的时间或过程(种种努力、变化、等待),最后出现了某种情况或结果。用在主语后面,句末一般用"了"。例如:

(20)我们的试验到底(终于)成功了。

(21)钱包到底(终于)找到了。

(22)我想了很久,到底(终于)明白了。

出现的情况或结果大多是褒义的。也可以是贬义的,一般"到底"或"究竟"后面要用"还是"。例如:

(23)试验了那么多次,到底(终于)还是没成功。

(24)打了那么多针,吃了那么多药,他到底(终于)还是死

120

了。

(25)不想发生的事到底(终于)还是发生了。

"到底"还表示到最后。例如：

(26)这辆车(公交车)不到底(到终点站)。

(27)这项任务由老王负责到底。

(28)坚持到底,就是胜利。

"究竟"还可以作名词,表示"结果"、"为什么"的意思。常用 V ＋个"究竟"的句式。例如：

(29)那件事,大家都想知道个究竟。

(30)我要问个究竟,为什么说我不对。

(31)那么多人围在那儿,田力也跑过去想看个究竟。

"终于"还有"终究"的用法。在此不作说明。

92."常常"和"往往"

[要点提示]"往往"表示重复出现的情况有一定的规律性。

"常常"和"往往"都表示某种情况经常存在和出现。例如：

(1)冬天的时候,这儿常常(往往)是零下七八度。

(2)常常(往往)考试的前一天,马丁才开始复习。

(3)新年的时候,常常(往往)孩子们最高兴。

(4)他常常(往往)工作到深夜。

"往往"多表示重复出现的情况有一定的规律性,用"往往"的时候,句子中要说明重复出现这种情况的其他情况、条件和结果。"常常"只是说明重复出现的某种情况或动作行为,不受其他情况、

121

条件的限制。请比较:

(5)a.他常常(※往往)感冒。

b.他常常(※往往)发烧。

c.他常常(往往)一感冒就发烧。

(6)a.我们常常(※往往)去看电影。

b.我们往往(常常)星期六晚上去看电影。

(7)a.这儿常常(※往往)下雪。

b.冬天的时候,这儿往往(常常)下雪。

(8)a.他常常(※往往)喝酒。

b.他往往(常常)跟朋友一起喝酒。

"常常"可以用在主观的想法、愿望,也可以用在将来的情况;"往往"没有这些用法,一般用在过去。请比较下面的句子:

(9)父母希望孩子常常(※往往)回家看看。

(10)我一定常常(※往往)给你写信。

(11)欢迎你有空的时候常常(※往往)来玩。

(12)明年我退休了,可以常常(※往往)去旅行了。

另外"常常"的否定式多用"不常",也可以说"不常常"。"往往"没有否定式。

93.“偷偷”、“悄悄”和“暗暗”

[**要点提示**]“偷偷”、“悄悄”和“暗暗”都有“不让人发觉”的意思,但有细微的差别。

“偷偷”、“悄悄”和“暗暗”都有“不让人发觉”的意思,所以,下

面三句话的意思差不多：

    (1)我们的汽车偷偷地跟在那辆红色小车的后面。

    (2)我们的汽车悄悄地跟在那辆红色小车的后面。

    (3)我们的汽车暗暗地跟在那辆红色小车的后面。

但是，上面(1)、(2)、(3)句的意思并不是完全一样的。

"偷偷"表示"不让人发觉"时，含有"害怕、担心被人发觉"的意思。例如：

    (4)那个坏家伙趁人不注意的时候偷偷溜走了。(害怕被人发现、抓住)

    (5)她常常偷偷地在房间里哭。(担心被别人知道了会说她)

    (6)这孩子才十岁，可是他喜欢偷偷地学开汽车。(大人要是知道了是不允许的)

"悄悄"表示"不让人发觉"时，含有"声音很小或没有声音"的意思。例如：

    (7)每天早上六点，他同屋正睡得很香的时候，他就悄悄起床了。

    (8)图书馆里非常安静，我悄悄地走进去，找了个空座位坐下。

    (9)当我看到树枝上点点绿叶的时候，我突然感到：春天已经悄悄地来了。

"暗暗"表示"不让人发觉"，指"秘密的行动"或"内心的活动"。例如：

    (10)很多好心人暗暗关心、帮助那个孤独的老人。

    (11)我暗暗下定决心，一定要干得比他更好。

    (12)看着他那奇怪的样子，我心里暗暗好笑。

94.“肯定”和“一定”

[要点提示]“肯定”和“一定”作副词时有程度的差别。

“肯定”可以作动词,反义词是“否定”。

“肯定”和“一定”作形容词时含义不一样。

“肯定”和“一定”都可以作副词,加强判断(pànduàn judge)的语气。“肯定”比“一定”更强调。请比较:

(1)a.他肯定会来的。

　　b.他一定会来的。

(2)a.那位小姐肯定是他的女朋友。

　　b.那位小姐一定是他的女朋友。

“一定+要”可以强调意志和决心。例如:

(3)我一定要努力学习。

(4)他一定要去。

(5)你一定要注意休息。

“肯定”还可以作动词,它的反义词是“否定”。下面的句子都不可以用“一定”。

(6)这件事是不是真的,现在还不能肯定。

(7)你怎么可以肯定这种方法不行。

(8)领导肯定了我们的成绩。

“肯定”和“一定”都可以作形容词。例如:

(9)老师肯定地说:“这个句子错了。”

(10)他的态度十分肯定。

(11)这件事到底行不行,请给我一个肯定的答复。

(12)我每天都用一定的时间学习汉语。

124

(13)虽然他的病有了一定的好转,但是还得继续吃药。

(14)人到了一定的年龄智力就开始衰退。

比较(9)到(14)的例句,可以看出"肯定"表现的是态度,是承认或者确定事物真实性和合理性的态度。"一定+的"是说明特定的范围、相当的程度。上述例句中"肯定"和"一定"不可以互换。

95."差不多"和"差点儿"

[要点提示]"差不多"表示接近某个数量或某种程度。

"差点儿"表示对某个事情实现或没实现感到庆幸或惋惜。

"差不多"和"差点儿"都可以作副词,这时候容易用错,要注意它们的区别。

"差不多"表示接近某个数量或某种程度,相差不大。例如:

(1)同学们差不多都来了。

(2)他俩差不多高。

"差点儿"表示某件事情实现了或者没实现。例如:

(3)刚才差点儿让汽车撞着,好险哪!(事实是没让汽车撞着)

(4)哎呀,差点儿就买着了,真可惜!(事实是没买着)

(1)、(2)用"差不多",只是告诉我们一个事实;而(3)、(4)用"差点儿",带有"庆幸"(qìngxìng feel lucky)或"惋惜"(wǎnxī feel sorry for sb. or about sth.)的口气。

下面详细说明一下"差不多"和"差点儿"的用法。

一、"差不多"

1. 差不多 + 动：

(5)第三册差不多学完了。

2. 差不多 + 形：

(6)他的头发差不多全白了。

3. 差不多 + 数量：

(7)我在这儿住了差不多五年了。

二、"差点儿"

1. 不希望发生的事,结果没有发生,感到庆幸。例如：

(8)刚才我差点儿(没)闹笑话。

(9)她差点儿(没)摔倒。

这时用不用"没"都一样。

2. 希望发生的事,结果没发生,感到惋惜。例如：

(10)事情差点儿就要办成了,想不到又起了变化。

(11)汽车差点儿就到机场了,可是突然坏了。

这时动词前面常常用"就"。

3. 希望发生的事,结果发生了,感到庆幸。例如：

(12)公共汽车太挤了,我差点儿挤不上去。

(13)他差点儿没考上大学。

这时动词前用"不"、"没"。

96."原来"和"本来"

[要点提示]"本来"和"原来"都可以指没有改变或变化以前的情
况。"本来"还有"按道理就应该这样"的意思。"原来"

126

还表示"发现了事情的真实情况"的意思。

"本来"和"原来"都可以作形容词,表示以前没有改变的情况。"本来"或"原来"+"的"在句子中作定语。例如:

 (1)几年不见了,你还是原来(本来)的样子,一点都没变。

 (2)我们本来(原来)的计划是星期二出发,可是只有星期三的票,只能推迟一天出发。

 (3)这件衣服已经洗得看不出本来(原来)的颜色了。

"本来"和"原来"还可以作副词,表示变化以前的情况。可以放在主语前面,也可以放在主语后面。用在能愿动词、否定词和其他副词的前面。例如:

 (4)我们本来(原来)住的地方,现在都改成了马路。

 (5)本来(原来)我不住在这儿,半年前刚搬来。

 (6)本来(原来)我想学理科。可是我非常喜欢外语,就改学文科了。

 (7)我本来(原来)没有现在这么胖。现在比过去重了十公斤。

 (8)我们一家人本来(原来)只住14平方米一间屋子,现在的条件比以前好多了。

"本来"作副词时,还表示按道理就应该这样的意思,有两种用法:

一、"本来 + 就 + (能愿动词) + 动词"或者"本来 + 就 + 动词 + 得(不)……"。例如:

 (9)我说,你病没好,本来就不可以出去。你看,又发烧了。

 (10)食堂的菜本来就应该卖得便宜些。

 (11)在这么窄的路上开车本来就开不快。

二、本来 + 嘛(么) + 主语,主语前有停顿。

(12)本来嘛,这么小的孩子,怎么背得动那么大的书包。

(13)本来么,要做成一件事情,可不是容易的。

"原来"作副词时,还表示发现了事情的真实情况的意思。例如:

(14)我以为电视机坏了,原来是没接上电源。

(15)原来你是刚来的老师,看上去跟学生一样。

97."越来越变得美丽了"还是"变得越来越美丽了"?

[要点提示]不能说:

　　　　※外面雨下得越来越很大了。

　　　　※上海越来越变得美丽了。

"越"、"越来越"可以放在形容词、动词前面,这时,形容词、动词前不能有表示程度的副词。如:

(1)※越往前走,他越非常害怕。

(2)※外面雨下得越来越很大了。

(3)※他越来越有点儿不喜欢她了。

只能说:

(4)越往前走,他越害怕。

(5)外面雨下得越来越大了。

(6)他越来越不喜欢她了。

如果句子的谓语是"动词 + 情态补语","越"、"越来越"应该在情态补语的前面,动词的后面。不能说:

(7)[※]上海越来越变得美丽了。

(8)[※]你越说得多,我就越不明白。

应该说:

(9)上海变得越来越美丽了。

(10)你说得越多,我就越不明白。

改错:

(1)[※]汽车越来越开得快。

(2)[※]越到夏天,人们就越穿得少。

(3)[※]中国越来越发展很快。

(4)[※]你越说得多,就越说得好。

98.“确实”、“的确”和“实在”

[**要点提示**]道歉时一般不说:

　　　　[※]对不起,确实对不起。

“确实”是形容词,“的确”是副词。所以,“的确”只能作状语,“确实”除了作状语以外,还能作定语、谓语和补语。在作状语时,“的确”和“确实”都可以说,意思也一样。如:

(1)这个消息确实吗?　　　(谓语)

(2)你一定要给我一个确实的消息。(定语)

(3)这件事我确实/的确不知道。　(状语)

129

(4)他确确实实/的的确确是病了,不信你看医生的证明。
　　(状语)

"实在"是一个副词,作状语,如:

　　(5)这件事我实在不知道。

但是,我们不能说:

　　(6)※他实在病了,不信你看医生的证明。

"实在"的意思和"确实"、"的确"不完全一样。"确实"、"的确"强调事情的真实性,表示"是真的、不是假的","实在"用来加强语气,表示达到很深的程度。比较:

　　(7)他的自行车撞了我,他对我说:"对不起,实在对不起!"　　(※确实)

　　(8)——我觉得你对她很好,你没什么对不起她的。

　　　　——不,你不知道,我确实对不起她,……(※实在)

"实在"还可以作形容词,表示说话、办事实事求是,常常用在这些地方:

　　(9)他这人很实在。

　　(10)他的话说得很实在。

　　(11)应该办点儿实实在在的事,别光说漂亮话。

――――――――――――

选用"确实"或"实在"填空:

　　(1)这事儿他＿＿＿跟我说过。

　　(2)他病得＿＿＿坚持不下去了,才住进了医院。

　　(3)西湖＿＿＿很美,"上有天堂,下有苏杭"这句话,我信了。

　　(4)西湖＿＿＿太美了,美得我简直不想回家了。

99."会开车"和"能开车"

[要点提示]不能说:

　　　※司机病了,今天不会开车。

　　表示通过学习以后具有某种技术和能力,用"会",有时也用"能"。例如:

　　(1)他不会开车,他没学过。

　　(2)这孩子一岁了,已经会走路了。

　　(3)这些孩子都不会踢足球,你教教他们吧。

　　表示有条件做某件事,用"能"不用"会"。如:

　　(4)他不能开车,他病了。

　　(5)上个月他的腿断了,不能走路,不过,现在已经好了,能走路了。

　　(6)我今天没有空,不能跟你一起去踢足球了。

　　表示同意、允许做某件事,用"能"不用"会"。例如:

　　(7)喝酒以后不能开车。

　　(8)上课的时候能不能问问题?

　　(9)妈妈对孩子说:做完作业以后才能去踢足球。你现在作业还没做完,不能去。

用"会"或"能"填空:

　　(1)在他们国家,只有18岁以上的人才____喝酒。

　　(2)我明天有事,不____来参加你的生日晚会,对不起。

　　(3)他病好了,今天又____开车了。

　　(4)他不____说汉语,他没学过汉语。

(5)这椅子太脏,不____坐。

(6)你____不____唱中国歌?

(7)真没想到,他不____骑自行车。

(8)今天下大雨,刮大风,不____骑自行车。

(9)他____喝酒,但是今天他身体不舒服,不____喝。

100."不可以"、"不能"和"不行"

[要点提示]不能说:

　　※他有事,今天不可以来了。

　　"可以"和"能"差不多,在肯定句、疑问句里,一般用"能"或用"可以"都对。例如:

　　　　(1)他腿好了,又能走路了。

　　　　　他腿好了,又可以走路了。

　　　　(2)他没事,今天能来。

　　　　　他没事,今天可以来。

　　　　(3)这辆自行车能不能借给我?

　　　　　这辆自行车可(以)不可以借给我?

　　　　(4)喝酒以后能不能开车?

　　　　　喝酒以后可(以)不可以开车?

　　　　(5)上课的时候能吃东西吗?

　　　　　上课的时候可以吃东西吗?

　　但是,在否定句里,"不可以"和"不能"有的时候有点儿不一样。

132

一、因为某种规则、习俗等（rule、regulation、custom）不允许做某事时，用"不可以"或"不能"都对。例如：

(6)喝酒以后不能开车。

喝酒以后不可以开车。

(7)上课的时候不能吃东西。

上课的时候不可以吃东西。

二、表示没有条件、没有能力做某事，或不愿意、不同意做某事时，用"不能"，不用"不可以"。例如：

(8)他腿断了，不能走路了。

※他腿断了，不可以走路了。

(9)他有事，今天不能来了。

※他有事，今天不可以来了。

(10)这辆自行车不能借给你，因为我马上要用。

※这辆自行车不可以借给你，因为我马上要用。

"不行"是一个简单的回答，可以代替"不能"或"不可以"。例如：

(11)A：你明天能/可以来吗？

B：不行，我明天有事，不能来。

(12)A：教室里能/可以抽烟吗？

B：不行，教室里不能/不可以抽烟。

101."不能来"和"不会来"

[要点提示]不能说：

※老师,对不起,我明天有事,不会来上课。

　　"能"可以表示"条件允许","会"可以表示"有可能"。"不能来"就是"没有条件来","不会来"就是"不可能来"。例如:

　　(1)他想来上海,可是没有买到飞机票,也没买到火车票,所以不能来了。

　　(2)他想来上海,可是他爱人病了,为了照顾他爱人,他不能来上海了。

　　(3)他想来上海工作,可是领导不同意,所以不能来。

　　(4)——他还会来吗?
　　　　——已经这么晚了,我想他不会来了吧。

　　(5)——明天的舞会他会来参加吗?
　　　　——他不会来的,他不喜欢跳舞。

　　比较下面两个例子:

　　(6)(今天王老师带学生去参观农村,出发时间到了,马丁还没来)
　　王老师:我们等一下马丁。
　　马丁的同屋:不用等他,他病了,不会来了。
　　　　(这里的意思是:他想马丁不可能来了,所以大家不用等他。)

　　(7)(今天王老师带学生去参观农村,出发时间到了,可是马丁还没来)
　　王老师:马丁怎么回事,怎么还不来?
　　马丁的同屋:他病了,不能来了。
　　　　(这里的意思是,马丁原来想来,可是病了,没有办法,不能来了。)

　　所以,如果一个学生想请假,应该对老师说:

134

(8)老师,对不起,我明天有事,不能来上课了。

意思是说:我是想来上课的,可是因为有事,实在没有办法来上课。

102."应该去不去"还是"应该不应该去"?

[要点提示]不能说:

　　*你说,我应该去不去?

如果一个句子里有:能愿动词 + 动词,在构成反复问句时,应该用:

能愿动词 + "不" + 能愿动词 + 动词 + ……

例如:

(1)你说,我应(该)不应该去?

(2)你想不想去旅行?

(3)我能不能请三天假?

(4)我可(以)不可以抽一支烟?

不能说:

(5)*你说,我应该去不去?

(6)*你想去不去旅行?

(7)*我能请不请三天假?

(8)*我可以抽不抽一支烟?

103."我要听您的课"还是"我想听您的课"?

[**要点提示**]"要"表示意志,"想"表示希望、打算。

比较下面两句话:

    (1)老师,我要听您的文学课,可以吗?

    (2)老师,我想听您的文学课,可以吗?

(2)比(1)好。(1)口气比较硬,(2)听上去比较客气。

"要"表示做某事的意志。例如:

    (3)老师说:"那个学生真不像话,明天我要狠狠地批评他。

    (4)这本书我今天晚上一定要看完。

上面两句话里的"要"都不能说成"想"。

"想"表示希望、打算。例如:

    (5)如果能买到票,我想明天就走。

    (6)我不想去,可是他一定要我去。

上面两句话里的"想"都不能说成"要"。

因为"要"有"做某事的意志"的意思,听上去显得太坚决,不够客气,所以在请求别人时,一般用"想",不用"要"。例如:

    (7)老师,您现在有空吗?我想请教一个问题。

    (8)先生,我想跟您打听一下,去中山电影院怎么走?

104."可以说汉语"、"可以开车"和"可以坐出租车"

[**要点提示**]"可以"有多个意思。

比较：

(1)他可以说一点儿汉语,他在上海学过三个月汉语。

(2)喝酒以后可以开车吗?

(3)——已经晚上十一点半了,公共汽车没有了,怎么办?

　　——没关系,我们可以坐出租车回去。

上面三个句子里的"可以"意思不一样。在(1)里,"可以"表示有能力。再如：

(4)上海话我可以听懂一点儿。

(5)明天我有空,可以来跟你们一起打球。

在(2)里,"可以"表示允许。再如：

(6)这儿可以抽烟吗?

(7)考试的时候不可以查词典。

在(3)里,"可以"表示建议。再如：

(8)这件衣服颜色太浅了,可以再深一些。(我希望颜色再深一些)

(9)师傅,前面的头发可以理得短一点儿。(请你把前面的头发理得短一点儿)

(10)——今晚的电影票都卖完了。

　　——没关系,我们可以明天再看。(我们明天再看吧)

105."要"有哪些意思?

[要点提示]"要"有多个意思。

下面几句话里的"要",意思是不一样的。例如:
(1)我要一杯茶。(要 + 名词)
(请给我一杯茶。)
(2)他要学游泳。(要 + 动词)
(他想要学游泳。)
(3)你要努力学习啊!
(你应该努力学习。)
(4)从这儿骑到学校要半个小时。
(从这儿骑到学校需要半个小时。)
(5)你穿得这么少,要感冒的。
(你穿得这么少,会感冒的。)
(6)看,要下雨了。
(看,马上就要下雨了。)
(7)他要我帮他买一张票。
(他让我帮他买一张票。)
(他叫我帮他买一张票。)

106."我很忙"的"很"是 very 吗?

[要点提示]形容词一般不单独充当谓语和补语。

138

看下面几句话：

(1)？今天我忙，没有时间玩儿。

(2)——他汉语说得怎么样？

　　——？他说得流利。

上面带问号的两句话都是不合适的，因为只用了单独一个形容词："忙"、"流利"，这样不好。作谓语或补语时，我们一般不能只说一个形容词。在形容词前、后还得有点儿别的东西，比如，我们可以说：我很忙；他说得很流利。这时，"很"的意思不是十分明显的。"很忙"就是 busy，不一定是 very busy。"非常忙"才是 very busy。

所以，我们可以这样说：

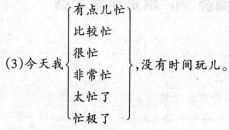

(3)今天我 $\left\{\begin{array}{l}\text{有点儿忙}\\ \text{比较忙}\\ \text{很忙}\\ \text{非常忙}\\ \text{太忙了}\\ \text{忙极了}\end{array}\right\}$ ，没有时间玩儿。

(4)——他汉语说得怎么样？

　　——他说得 $\left\{\begin{array}{l}\text{不流利。}\\ \text{不太／不很流利。}\\ \text{比较流利。}\\ \text{很流利。}\\ \text{非常流利。}\\ \text{太流利了！}\\ \text{流利极了！}\\ \text{真流利啊！}\end{array}\right.$

"我忙"这样的话一定不说吗？不是的。有的时候也说。在表

139

示比较的时候,我们可以这样说。

一、有两个小句,表示比较:

    (5)我忙,我弟弟不忙。

    (6)他说得流利,他朋友说得不太流利。

二、回答问题,表示比较的结果:

    (7)——你跟你弟弟谁忙?

        ——我忙。   (意思是:我比我弟弟忙。)

    (8)——他跟他朋友谁说得流利?

        ——他说得流利。(意思是:他比他朋友说得流利。)

107."她非常漂亮"和"她是非常漂亮"

[要点提示]不能说:

    ※我不喜欢这个地方,这个地方是很热。

"她是非常漂亮"对不对? 有的时候对,有的时候不对。

"漂亮"是一个形容词。汉语的形容词跟英语的形容词不一样。英语的形容词前面要用 be;汉语的形容词跟动词差不多,前面不用"是"。比较:

    (1) she is very   beautiful.

        √她   非常 漂亮。

        ※ 她   是 非常   漂亮。

再如:

    (2)我很忙。

    (3)这个地方很热。

140

(4)这东西太贵了。

上面的句子都没有用"是"。

不过,我们可以说:

(5)她是非常漂亮的。

注意,这时一定要用"的"。

她是非常漂亮的 = "她非常漂亮" + "是……的"

在对话里,我们可能会听到有人说:

(6)她是非常漂亮。

这时,"是"一定要重读(zhòngdú be stressed),表示肯定、同意。例如:

(7)——听说她非常漂亮,是吗?

——对,她是非常漂亮。

(8)——你朋友的汉语很好。

——是啊,他的汉语是不错。

(9)——今天很热。

——嗯,是很热。

完成对话:

(1)A:这个房间有点儿脏。

　　B:对,是不太干净。

(2)A:听说那儿东西很便宜,是真的吗?

　　B:是的,那儿东西＿＿＿＿＿＿＿。

(3)A:他很忙? 我不相信。

　　B:你别不相信,他＿＿＿＿＿＿＿,我不骗你。

(4)A:你为什么不喜欢这儿?

　　B:这儿太冷。

　　A:倒也是,这儿＿＿＿＿＿＿＿。

108. 为什么可以说"高高兴兴",却不能说"愉愉快快"?

[**要点提示**]不能说:

　　※我过了一个愉愉快快的周末。

　　形容词可以重叠,如:高兴——高高兴兴,漂亮——漂漂亮亮。"高高兴兴"就是"很高兴"的意思,"漂漂亮亮"就是"很漂亮"的意思。

　　但是,不是每一个形容词都可以重叠的。如:"高兴"可以重叠,"愉快"不行;"漂亮"可以重叠,"美丽"不行。

　　(1)※我过了一个愉愉快快的周末。

　　(2)我过了一个很愉快的周末。

　　(3)我过了一个非常非常愉快的周末。

　　双音节形容词中,可以重叠的只占 $\frac{1}{6}$ 左右。一般地说,书面语词大多不能重叠,口语词有一些也不能重叠。例如:合适、新鲜、容易、愉快、精彩、美丽……

　　哪些形容词可以重叠呢? 我们只能在学习的时候一个词一个词地记。

下面的形容词中哪些可以重叠:

认真	努力	舒服	凉快	容易	重要	伟大
安静	幸福	友好	干净	健康	精彩	清楚
方便	丰富	满意	复杂	简单	着急	热情

可以重叠:＿＿＿＿＿＿＿＿＿

　　　　　＿＿＿＿＿＿＿＿＿

不能重叠:＿＿＿＿＿＿＿＿＿

　　　　　＿＿＿＿＿＿＿＿＿

142

109. 为什么能说"高高兴兴",却不能说"通通红红"?

[要点提示]不能说:
　　　※她的脸冻得通通红红的。

　　双音节形容词的重叠,一般是 $\boxed{\text{A A B B}}$:

　　高兴——高高兴兴　　　　干净——干干净净

　　漂亮——漂漂亮亮　　　　清楚——清清楚楚

　　但是,有几个形容词的重叠是 $\boxed{\text{AB AB}}$:

　　雪白——雪白雪白　　　　火红——火红火红

　　冰凉——冰凉冰凉　　　　通红——通红通红

　　笔直——笔直笔直　　　　漆黑——漆黑漆黑

　　"雪白"就是"像雪一样白","冰凉"就是"像冰一样凉","火红"就是"像火一样红"……上面的词都有这个特点(除了"通红")。

　　(1)他的手冻得冰凉冰凉的。

　　(2)笔直笔直的大马路一直通到海边。

　　(3)房间里没有灯,漆黑漆黑的,什么也看不见。

用形容词的重叠式填空:

　　(1)姑娘们都打扮得<u>漂漂亮亮</u>的。(漂亮)

　　(2)他的小手冻得<u>冰凉冰凉</u>的。(冰凉)

　　(3)他的脸冻得＿＿＿＿＿的。(通红)

　　(4)他把衣服洗得＿＿＿＿＿。(干净)

　　(5)＿＿＿＿＿(雪白)的墙上挂着一幅山水画儿。

　　(6)今晚没有月亮,外面＿＿＿＿＿的。(漆黑)

　　(7)他的字总是写得＿＿＿＿＿。(清楚)

143

(8)太阳从东方升起来，_____的。(火红)

110."很甜甜的月饼"、"不甜甜的月饼"对不对?

[要点提示]不能说:

      ※他喜欢吃很甜甜的月饼。

      ※他喜欢吃不甜甜的月饼。

形容词重叠式前面不能用"很"或"不"。

> ※"很"
> ※"不" + 形容词重叠式

所以,我们不能说:

    (1)※他喜欢吃很甜甜的月饼。

    (2)※他喜欢吃不甜甜的月饼。

而应该说:

    (3)他喜欢吃甜甜的月饼。

    (4)他喜欢吃很甜的月饼。

    (5)他喜欢吃不甜/不太甜/不很甜的月饼。

    (6)他不喜欢吃甜甜的月饼。

改正下列不正确的句子:

    (1)※那个老人很慢慢地走过来了。

    (2)※今天星期一,街上不热热闹闹的。

    (3)※房间里非常干干净净的。

144

(4)※她的脸冻得十分通红通红的。

111.“看”、“看看”、“看了看”和“看一看”

[要点提示]不能说：

　　　　※老师，这是我的作业，请你看。

　　　　※他拿过我的作业，看一看，马上发现有个错误。

　　　　※他每天很忙，又要看看书，又要写写文章。

　　“看一看”、“看看”、“看了看”都是动词“看”的重叠。“看一看”中间的“一”可以不说，所以“看一看”可以说成“看看”。动词的重叠一般表示动作比较快，时间比较短。主要有下面三种情况：

　　一、表示某人很快地看了一下，用“看了看”。如：

　　　　(1)他拿过我的作业，<u>看了看</u>，马上发现有个错误。

其他动词的例子：

　　　　(2)刚才，老师给我们简单地<u>谈了谈</u>汉语的特点。

　　　　(3)他进屋来<u>坐了坐</u>，喝了一口水，就走了。

　　二、表示请别人看一下，或者自己想要看一下，用“看(一)看”，这样比较客气。如：

　　　　(4)老师，这是我做的作业，请您<u>看(一)看</u>。

　　　　(5)能不能把你的照片给我<u>看(一)看</u>？

其他动词的例子：

　　　　(6)老师，请您<u>谈谈</u>汉语的特点，可以吗？

　　　　(7)请等一下，让我<u>想想</u>。

　　　　(8)别站在外面，进来<u>坐坐</u>吧！

三、表示经常做的事情,用"看看",有"轻松"、"随便"的意思。如:

（9）他退休以后,每天看看书,看看报,散散步,过得很愉快。

比较:

（10）他每天很忙,又要看书,又要写文章。

（10）的意思是"很忙"、"很累"、"不轻松",就不能说"看看"了。其他动词的例子:

（11）星期天,我写写信,打打球,一天很快就过去了。

（12）休息的时候,他喜欢听听音乐。

所以,V 了 V,V（一）V,VV 都是动词的重叠式。已经发生的行为用 $\boxed{V\ 了\ V}$,还没发生的行为用 $\boxed{V（一）V}$,经常的行为用 $\boxed{V\ V}$ 。

用动词的适当形式填空:

（1）这是我做的菜,请你____（尝）。

（2）我们____（休息）吧。

（3）这个人真懒,每天____（睡）觉,跟别人____（聊）天,什么工作也不干。

（4）上完八小时班,回到家里还要____（做）饭、____（洗）衣服,真累死了。

（5）刚才我____（查）词典,才知道这个字我写错了。

（6）请你给我们____（开）车门,我们想下车。

（7）刚才老师到我们宿舍来____（看）,____（问）我们的学习情况。

（8）等一会儿我还要到学生宿舍去____（看）,____（了解）他们的学习情况。

112. 能不能说"介绍了介绍"、"介绍一介绍"?

[**要点提示**]双音节动词重叠,中间不用"了"或"一"。

比较下面的句子:

(1)a. 刚才老师给我们简单地讲了讲中国的历史。

　　b. 刚才老师给我们简单地讲了一下中国的历史。

　　c.※刚才老师给我们简单地介绍了介绍中国的历史。

　　d. 刚才老师给我们简单地介绍了一下中国的历史。

(2)a. 请老师给我们讲一讲中国的历史。

　　b. 请老师给我们讲讲中国的历史。

　　c. 请老师给我们讲一下中国的历史。

　　d.※请老师给我们介绍一介绍中国的历史。

　　e. 请老师给我们介绍介绍中国的历史。

　　f. 请老师给我们介绍一下中国的历史。

上面的句子意思差不多。(1)a = (1)b = (1)d,不能说(1)c。
因为是刚才的事,已经介绍过了,所以用"了"。

(2)a = (2)b = (2)c = (2)e = (2)f,不能说(2)d。

为什么可以说"讲了讲",不可以说"介绍了介绍"? 为什么可
以说"讲一讲",不可以说"介绍一介绍"? 因为"讲"是一个字,"介
绍"是两个字。

如果动词是一个字的,可以说 XX、X 了 X、X 一 X。例如:看、
看了看、看一看、看看;想,想了想,想一想,想想。

如果动词是两个字的,可以说 XYXY,但不能说 XY 一 XY,也
很少说 XY 了 XY。如:休息、休息休息、※休息了休息、※休息一休
息;参观、参观参观、※参观了参观、※参观一参观。

147

113．"唱歌了"、"唱了歌"和"唱了一个歌"

[**要点提示**]"了"有时候放在宾语前面,有时候放在宾语后面。

比较:

(1)昨天晚上我唱歌了。

(2)昨天晚上我唱了一个歌。

(3)昨天晚上我唱了歌,跳了舞,玩儿得很愉快。

在表示"完成"意义的时候,"了"放在宾语前面还是宾语后面?一般地说是这样的:

一、如果宾语很简单,也不需要强调,"了"就放在宾语后面。例如:

(4)昨天晚上我唱歌了。

(5)他昨天去北京了。

(6)我们昨天踢足球了。

二、如果宾语比较复杂,宾语前面带有数量词语;或者宾语的意思比较重要,需要强调,"了"就放在宾语的前面。例如:

(7)昨天晚会上我唱了一个歌。

(8)昨天晚会上我唱了一个中国歌。

(9)昨天晚上我吃了蛇肉!

三、如果宾语很简单,但这时句子还没完,后面还有话,那么,"了"也放在宾语前面。例如:

(10)他唱了歌,跳了舞,玩儿得很高兴。

请比较下面一组句子中"了"的不同位置:

(11)昨天晚上下雨了。

(12)昨天晚上下了一场大雨。

(13)昨天晚上下了雨,今天就凉快多了。

114."学了两年汉语"和"学了两年汉语了"

[要点提示]"学了两年汉语"和"学了两年汉语了"意思不完全一样。

比较：

(1)——你学了几年汉语了？

　　——我学了两年(汉语)了。

(2)——你学了几年汉语？

　　——我学了两年(汉语)。

(1)有两个"了"，(2)只有一个"了"。意思不一样。

(1)的意思是：从开始学汉语到现在，有两年了。

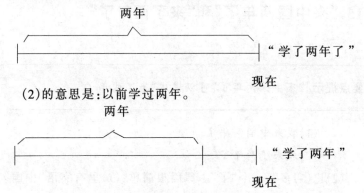

(2)的意思是：以前学过两年。

比较(3)a 和(3)b，4(a)和(4)b，(5)a 和(5)b：

(3)a.我现在在北京语言文化大学学习汉语，我已经学了
　　　两年了。

　　b.来北京工作以前，我在法国学了两年汉语。

(4)a.你怎么还在看电视，你都看了三个小时电视了。

　　b.昨天晚上我看了三个小时电视。

(5)a.(喝啤酒)

149

——来,再喝一瓶。

　　——不,不,我已经喝了两瓶了,不能再喝了。

　　b.——昨天晚上你喝了几瓶啤酒?

　　——我喝了两瓶。

　　不过,如果"……了……了"后面还有别的话,第二个"了"可以不说,这时,意思是一样的。如:

　　(6)我学了两年汉语(了),现在还在学。

　　(7)他看了三个小时电视(了),还想看下去。

　　(8)我已经喝了两瓶(了),不能再喝了。

115."来中国两年了"和"来了两年了"

[要点提示]"来中国两年了"可以说成"来了两年了"。

---

　　(1)我来中国两年了。

　　(2)我来了两年了。

　　(2)比(1)多了一个"了"。原因很简单:(1)里有宾语"中国",(2)里没有宾语,而且只是一个字"来",所以在"来"后面加上一个"了",这样听起来比较舒服。再例如:

　　(3)他去日本三个月了。

　　(4)他去了三个月了。

　　(5)那位老人去世(了)一年了。

　　(6)那位老人死了一年了。

150

116. "他去商店买自行车了"和"他去商店买了一辆自行车"

[**要点提示**]"他去商店买自行车了"和"他去商店买了一辆自行车"
意思不一样。

---

(1)他去商店买自行车了。

(2)他去商店买了一辆自行车。

这两句话意思不一样。

(1)的意思是:a.他去了商店　b.为了买自行车。他已经去了。但是,自行车买了没有? 不知道。

(2)的意思是:a.他去了商店　b.他买了一辆自行车。

(1)他去商店买自行车了。

(2)他去商店买了一辆自行车。

注意:(1)里的"自行车"前面没有数量词,(2)里的"自行车"前面有数量词"一辆"。再看两个例子:

(3)小王的同学:小王在家吗?

　　　小王的妈妈:他不在,他去中山体育场看球赛了。

(4)小王:我昨天去中山体育场看了一场球赛。

　　　马丁:球赛好看吗?

　　　小王:好看极了!

151

117. "他喜欢跳舞"和"他喜欢跳舞了"

[要点提示]不能说:

　　　　※我刚来中国的时候,不会说汉语了。

　　　　※他现在会说了汉语。

　　　　※他现在会了说汉语。

比较:

　　(1)——他喜欢什么?

　　　　——他喜欢跳舞。

　　(2)——他以前不喜欢跳舞,现在怎么样?

　　　　——现在他喜欢跳舞了。

　　(1)没有"了",(2)有"了"。这个"了"表示变化(biànhuà change),"……了"是要告诉别人:跟以前不一样了,跟刚才不一样了,跟计划不一样了,发生了变化,出现了新情况。

例如:

　　(3)他以前瘦瘦的,可是现在胖了。

　　(4)刚才天气还挺好的,可是突然下雨了。

　　(5)他的眼睛坏了,看不见东西了。

　　(6)他昨天说要跟我们一起去旅行,可是今天告诉我说他不想去了。

比较下面两句:

　　(7)他会说汉语了。

　　(8)他不会说汉语了。

(7)的意思是说:他以前不会说,现在会了。例如:

　　(7′)他刚来中国时不会说汉语,现在会说了。

152

(8)的意思是说：他以前会说，现在不会说了。例如：

    (8′)他是在中国出生的，可是五岁就去了美国，在美国一
        直说英语，汉语都忘了，现在不会说汉语了。

  注意：表示变化的"了"应该放在宾语的后面，不能放在宾语前
面。如：

    (9)他会说汉语了。(※他会说了汉语。)

    (10)他喜欢唱歌了。(※他喜欢了唱歌。)

完成句子，用上表示变化的"了"：

    (1)他刚才很高兴，突然又不高兴了。

    (2)来中国以前我看不懂中文报纸，＿＿＿＿＿＿。

    (3)上次见面时他还只是个小孩子，＿＿＿＿＿。

    (4)以前他总是睡得很晚，＿＿＿＿＿＿。

    (5)这本书昨天书店里还有，可是＿＿＿＿＿。

    (6)刚才你不能进来，现在＿＿＿＿＿。

118."别睡了，起床吧"为什么用"了"？

[要点提示]"别……了"表示阻止。

  "别……了"是阻止(zǔzhǐ prevent, stop)别人正在做的事情，叫
他(们)别继续做下去。如：

    (1)(A走进B的房间，B正在睡觉)

      A：喂，别睡了，已经七点半了，快起床吧。

    (2)(同学们正在教室里谈话，老师进来了)

老师：大家**别**说话**了**，我们开始上课吧。

(3)（孩子正在外面玩儿，妈妈叫他回来吃饭）

妈妈：**别**玩儿**了**，回来吃饭吧。

(4)（安地和马丁在饭店里，安地喝了一瓶酒，还想再喝）

马丁：**别**喝**了**，再喝，你会喝醉的。

图4

"别……了"也可以用来阻止别人心里想要做的事。如：

(5)——我明天想去那儿看看。

——**别**去**了**，那儿没什么看头。

(6)——我去买一把雨伞。

——**别**去买**了**，用我的伞吧。

119."上课了，大家快进来"，这里为什么用"了"?

[**要点提示**]"上课了"的意思是"上课的时间到了"。

154

每天,同学们八点钟上课。现在已经八点钟了,老师在教室里准备上课。同学们有的还在教室外面谈话。这时,老师对外面的同学们说:

上课了,大家快进来吧。

这里,"上课了"意思是说:上课的时间已经到了,应该上课了。(Now it's time to 上课)。

图 5

> "……了" = "……的时间已经到了"

例如:

(1)司机:开车了,开车了,请大家快上车!

(2)母亲:孩子们,吃饭了,别玩了,都过来吃饭吧。

(3)(11 点半下课,现在已经 11 点 34 分了,老师还在讲课。)

学生:老师,下课了,我们下课吧,好吗?

120."明天吃了晚饭去看京剧","吃"后面为什么要用"了"?

[要点提示]不能说:

　　　　※明天吃晚饭了去看京剧。

　　　　※明天吃晚饭去看京剧。

　　"明天吃了晚饭去看京剧"="明天吃(了)晚饭以后去看京剧。"这里,"了"表示"完成",放在动词后面。

　　如果有:……V₁……V₂……

　　意思是:　　　V₁……以后,V₂……

　　那么就在 V₁ 后面用"了":……V₁ 了……V₂……

> ……V₁ 了……V₂…… = ……V₁……以后,V₂……

　　例如:

　　(1)明天中午下了课我们要去小王家。(下了课以后去
　　　　……)

　　(2)昨天晚上看了电影我就回家了,没去别的地方。(看
　　　　了电影以后就回家了)

　　(3)——你什么时候去图书馆?

　　　　——外面雨停了就去。(雨停了以后就去)

　　(4)——我该走了。

　　　　——别着急,现在才七点三刻,等过了八点再走吧。

　　　　(过了八点以后再走)

给下面的句子加上"了"(可以不要"以后"):

　　(1)吃晚饭以后请你到我家里来一趟。

156

(2)我昨天参观工厂以后就回家了。

(3)我看报纸以后才知道那个消息。

(4)等你病好以后我们一起去旅行。

(5)这个字的意思我查字典以后才明白。

121."他每天很早起床"和"他每天很早就起床了"

[**要点提示**]"就"、"已经"常常跟"了"一起说:

"就……了"、"已经……了"。

我们知道,有"每天"、"常常"等的句子是不能用"了"的,因为它表示的是习惯,不是"完成"。如:

(1)他每天很早起床。

(2)他常常迟到。

但是:

(3)他每天很早就起床了。

这里怎么有"了"呢?很简单,这是因为有一个"就"。"就"常常跟"了"一起说:"就……了"。还有"已经"也常跟"了"一起说。

(4)他每天六点起床。

(5)他每天六点就起床了。

(6)他每天八点才起床。

(7)我每次到教室的时候,他已经在教室学习了。

(8)我每次到教室的时候,他刚刚走进学校大门。

(5)、(7)用"就"、"已经",后面有"了";(6)用"才"(表示"晚"),(8)用"刚刚",后面不用"了"。

请指出哪一句对：

（1）A.他常常感冒。

B.他常常感冒了。

（2）A.他们每个星期一都上文化课，从来没变过。

B.他们每个星期一都上文化课了，从来没变过。

（3）A.他每天早上七点半就来。

B.他每天早上七点半就来了。

（4）A.我刚刚来，还不了解这儿的情况。

B.我刚刚来了，还不了解这儿的情况。

122.“他昨天来的”和“他昨天来了”

[要点提示]不能说：

※我去年九月来了中国。

（1）他昨天来了。

（2）他昨天来的。（＝他是昨天来的。）

（1）≠（2）。这里，“来”都是以前的事，用“了”、用“的”都可以，但意思不一样。（1）的重点（zhòngdiǎn focus）是“来了”，（2）的重点是“昨天”。（1）里的重音（zhòngyīn stress）在“来”上，（2）里的重音在“昨”上。

（1）他昨天来了。
　　　　　·

（2）他（是）昨天来的。
　　　　·

就是说，用“了”是要告诉别人“做了什么”；用“是……的”是要告诉别人"在什么时候做"、"在什么地方做""怎么做""谁做"。如：

　　(3)A:他昨天来了没有？

　　　　B:他昨天来了。

　　　　A:他(是)怎么来的？

　　　　B:他(是)坐汽车来的。

　　(4)A:词典你买了吗？

　　　　B:买了。

　　　　A:你(是)什么时候买的？

　　　　B:前天上午。

　　　　A:在哪儿买的？

　　　　B:我(是)在学校旁边的那家书店买的。

　　(5)A:马丁的父亲是个医生。

　　　　B:我已经知道了。

　　　　A:(是)谁告诉你的？

　　　　B:(是)马丁自己告诉我的。

　　"是……的"里的"是"可以不说，"的"一定要说。

　　如果你在上海见到一位老朋友，你不能说：

　　(6)※我上个月来了上海。

(6)用了"了"，这时重点是"来了上海"。可是，"来了上海"不应该
是重点，因为你的朋友当然已经知道你"来了上海"。这时的重点
应该是"什么时候"，你应该告诉他：你是什么时候来上海的。所
以，你应该说：

　　(7)我(是)上个月来上海的。/我(是)上个月来的上海。

用"了"或"的"填空：

　　(1)A:他爸爸来上海____。

　　　　B:哦，是吗？什么时候来____？

　　　　A:前天晚上。

159

(2)A:我前几天买____一件衬衫。你看,怎么样?

B:嗯,式样不错。在哪家商店买____?

A:在中山商场。

(3)最近他很忙。上个星期他去____广州,昨天刚回来,明天又要去南京了。

(4)我今年二月来北京____。来北京以后,就在北京语言文化大学学汉语,已经学了半年多了。

123."我们是明天去参观的"还是"我们明天去参观"?

[要点提示]不能说:

　　※我们是明天去参观的。

用"是……的"的句子强调(qiángdiào emphasize)什么时候(做)、什么地方(做)、怎么样(做)、谁(做):

$$(是)\begin{cases}什么时候\\什么地方\\怎么样\\谁\end{cases}+动词+的$$

这里动词一定表示过去的、以前的事。所以,我们只能说:

　　(1)他(是)昨天去参观的。

　　(2)他的词典(是)上个月买的。

不能说:

　　(3)※他(是)明天去参观的。

　　(4)※他的词典(是)下个月买的。

124."这不是可能的"还是"这是不可能的"?

[要点提示]不能说:
　　　　※这不是可能的。
　　　　※他不是知道的。

"是……的"可以用来表示一种肯定的语气。请看下面的句子:
　　(1)这个问题很容易解决。
　　(2)羊肉我很喜欢吃。
　　(3)这件事他不知道。
　　(4)这不可能。
这些句子都表示说话人的看法、意见、态度等。我们可以把这些句子里的谓语放到"是……的"里:
　　(1)这个问题是很容易解决的。
　　(2)羊肉我是很喜欢吃的。
　　(3)这件事他是不知道的。
　　(4)这是不可能的。
就是说:　　主语＋"是"＋谓语＋"的"

所以,"不"应该也在"是……的"的里面:
　　　　　　这 ＋ 是 ＋ 不可能 ＋ 的

125."胖的姓张"是什么意思?

[要点提示]"的"字结构相当于一个名词。

161

请看下面的句子：

(1)我有两位朋友,那位胖的人姓张,那位瘦的人姓王。

这时,我们可以不说"人",把(1)改成：

(2)我有两位朋友,那位胖的姓张,那位瘦的姓王。

这里,"胖的"、"瘦的"都是"'的'字结构"。"的"字结构相当于一个名词,它指明某个人、某个东西,或某一类人,某一类东西。如：

(3)穿红衣服的是我妹妹。

(4)你说的我都听得懂,他说的我都听不懂。

(5)——这些书放哪儿？

　　——中文的放左边,英文的放右边。

(3)里"穿红衣服的"指"穿红衣服的人",(4)里"你说的"、"他说的"都指"话",(5)"中文的"、"英文的"指书。再如：

(6)——你要哪件毛衣？

　　——我要那件红的。

(7)——这是我的课本吗？

　　——不,这不是你的,这是我的。

(8)他是教口语的还是教听力的？

(6)"红的"指"毛衣",(7)"你的"、"我的"指课本,(8)"教口语的"、"教听力的"指"老师"。

有的时候,用"的"字结构听上去不太客气,比较：

(9)她是个端盘子的。

(10)她是个饭店服务员。

(9)和(10)意思差不多,但(9)听上去不太客气,有点"看不起她"的意思。

把"的"放在合适的位置上：

(1)站在我 A 旁边 B 是我 C 哥哥。

(2)老师 A 讲 B 你都听 C 懂了吗?

(3)我想 A 买 B 一件再大一点儿 C。

(4)我们昨天 A 参观 B 是一个大 C 医院。

(5)我 A 想 B 说 C 都已经说完了。

126."他是昨天来的"、"他是很客气的"和"他是教口语的"

[要点提示]有三种"是……的"

下面三句话都有"是……的",但这是三种类型:

(1)他是昨天来的。

(2)他是很客气的。

(3)他是教口语的。

(1)里"是……的"用来强调句子中状语"昨天",这是第一种"是……的"。例如:

(4)他是从南方来的。

(5)他是坐飞机来的。

否定的时候,"不"放在"是"的前面:

(6)他不是从南方来的。

(7)他不是坐飞机来的。

这些句子说的都是过去的事。

(2)里"是……的"用来表示肯定的语气,这是第二种"是……的"。例如:

(8)他是很会唱歌的。

(9)这儿的冬天是很冷的。

163

否定的时候,"不"放在"是"的后面:

　　(10)他是不会唱歌的。

　　(11)这儿的冬天是不冷的。

这些句子说的不一定是过去的事,现在的、将来的都可以。

　　(3)里的"是……的"是:"是"+"的"字结构。如:

　　(12)这个杯子是刷牙的,那个杯子是喝水的。

　　(13)——他是什么老师?

　　　　——他是教口语的。

这些句子向我们指明人或事物的类别。

把"不"放在合适的地方:

　　(1)我 A 是 B 从韩国来的。

　　(2)这 A 是 B 可能的。

　　(3)这种比赛我 A 是从来 B 参加的。

　　(4)你看错人了,王老师 A 是 B 戴眼镜的。

　　(5)这消息是小王告诉我的,A 是小李 B 告诉我的。

　　(6)这些家具 A 是 B 新买的,是原来就有的。

127."正写着信呢"和"正写着信"

[要点提示]"正写着信"不能单独成为一个句子。

　　表示动作的进行(the expression of an ongoing action),可以用:

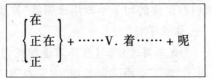

这里的"在/正在/正"、"着"、"呢"不一定都要出现。我们可以说：

(1)我在写信。

(2)我正在写信。

(3)我在写信呢。

(4)我正在写信呢。

(5)我正写信呢。

(6)我在写着信呢。

(7)我正在写着信呢。

(8)我正写着信呢。

(9)我写着信呢。

(10)我写信呢。

(1)—(10)随便哪一句都可以用来回答"你现在在干什么"这个问题。例如：

(11)——你在干什么？

　　　——我在写信。

(12)——昨天这个时候你在干什么？

　　　——跟现在一样,在上课呢。

(13)——明天这个时候你在干什么？

　　　——大概正在看书吧。

(14)——他进来的时候,你正在干什么？

　　　——我正睡着觉呢。

对(1)—(10)的否定,用"没在 V"或"不在 V"。例如：

(15)他正学习呢。⇒他没在学习。

(16)外面在下着雨。⇒外面没在下雨。

165

注意：下面(17)这样的句子不能用来回答"你现在在干什么"：

(17)—— 你在干什么？

　　 ——※我正写着信。（我正写着信呢。）

如果句子用了"着"，后面一定要用"呢"，否则，就不能单独说。如果只用了"着"，不用"呢"，就只能作一个小句，放在前面，为后面的话提供一个背景(bèijǐng background)。例如：

(18)我们正谈着话，老师走进来了。

(19)我正写着信，我同屋回来了。

(20)正看着电视，我突然感觉有点儿头疼。

128."他在在教室上课"还是"他在教室上课"?

[要点提示]不能说

　　 ※他在在教室上课。

请看下面两个句子。这两个句子里的"在"一样吗？

(1)他在上课。

(2)他在教室。

有两个"在"。(1)里的"在"是"正在"(be...ing)，(2)里的"在"表示"在什么地方"(be in/on/at...)。那么，(1) + (2) = ？

(3)※他在在教室上课。

我们不说(3)。表达(3)的意思，只要说一个"在"：

(4)他在教室上课。

当然，为了清楚一点，我们可以说：

(5)他正在教室上课。

166

（6）他现在在教室上课。（注意：这时可以有两个"在"）

不过，只说"他在教室上课"，在谈话时一般来说意思也是清楚的。例如：

（7）——小王在家吗？

    ——不在。他在教室上课。（在上课＋在教室）

（8）——你们每天在哪儿上课？

    ——在309教室上课。（上课＋在309教室）

129．"他在穿大衣"和"他穿着大衣"

[要点提示]"在＋动词……"表示动作，"动词＋着……"表示状态。

"他在穿大衣"是说他的动作（action），"他穿着大衣"是说他的状态（state）。例如：

（1）A：他现在在干什么？

    B：他在穿大衣，马上就出来了。

（2）A：他冷不冷？

    B：我想他不冷，你看，他穿

图 6

167

着大衣呢。

下面几句都表示动作：

    (3)他在做作业。

    (4)他正在做作业。

    (5)他正在做作业呢。

下面几句都表示状态：

    (6)你看他：戴着一副眼镜,穿着一件大衣,拿着一本厚厚
    的书,他是个大学教授吧?

130."躺着看书","躺"后面为什么有"着"?

[**要点提示**]"躺着看书"是告诉我们"怎么样看书"。

$$\cdots\cdots V_1 \text{ 着} \cdots\cdots V_2 \cdots\cdots$$

图 7

V_2 是说"干什么","V_1"是说"怎么样","…… V_1 着 …… V_2 ……"告诉我们:怎么样 V_2 ……? 在 V_2 的时候,他是怎么样的?

…… V_1 着 ……　　　　V_2 ……

例如:

    (1)他喜欢躺着看书。

    (2)他笑着说……

    (3)他唱着歌进来了。

    (4)他手里拿着一本书走进教室。

请想像(xiǎngxiàng imagine)一下,他怎么样走进房间?

    (1)他_____走进房间(唱歌)

    (2)他_____走进房间(手里拿一个茶杯)

    (3)他_____走进房间(笑)

    (4)他_____走进房间(带一个小孩子)

    (5)他_____走进房间(低头)

    (6)他_____走进房间(?)

    (7)他_____走进房间(?)

131."看了"和"看过"

[要点提示]不能说:

    ※我昨天去过市区,看过一场电影。

    ※我以前看了这部电影,这次不想再看了。

看下面这句话：

（1）这本书我以前看过，昨天又看了一遍。

这句话里前面用"过"，后面用"了"。如果要表示"在过去有过某种经历、经验"，用"过"；如果要表示在过去某个时候做了某件事，用"了"。比较（2）和（3）：

（2）——昨天是星期天，你怎么过的？

——我去了市区，看了一场电影。

这里，说话人要告诉对方自己在星期天做了什么，用"了"。

（3）——今晚的电影你去看吗？

——我以前看过这部电影，这次不想再看了。

这里，说话人要告诉对方自己"不想再看"的理由：以前看过。用"过"。

_____

用"了"或"过"填空：

（1）——昨天的汉语课你们学＿＿＿什么？

——我们学＿＿＿生词、语法，还做＿＿＿练习。

（2）——这个字你认识吗？

——不认识，我没学＿＿＿。

（3）——你昨天去哪儿＿＿＿？

——我去我朋友家＿＿＿。

（4）——他家你认识不认识？

——我认识。我去＿＿＿他家。

（5）——你在这儿住＿＿＿多长时间了？

——住＿＿＿三年了。

（6）——你对那儿熟悉不熟悉？

——很熟悉，我曾经在那儿住＿＿＿三年。

132. "来了"和"来过"

[**要点提示**]"来了"和"来过"意思不一样。

比较：

(1)——客人<u>来了</u>没有？

　　——<u>来了</u>，正在屋里坐着呢。

(2)——客人刚才<u>来过</u>没有？

　　——<u>来过</u>，他看你不在，又回去了。

在(1)里，客人现在在这儿；在(2)里，客人现在不在这儿。再看下面的例子：

(3)这词典我不买，我已经<u>有了</u>。

(4)这词典我以前<u>有过</u>，后来送给我弟弟了。

用"了"或"过"填空：

(1)我前年来＿＿＿这儿，去年也来＿＿＿，今年是第三次来这儿了。

(2)一个月以前，他们有＿＿＿一个孩子，所以现在他们忙多了。

(3)他们从前有＿＿＿一个孩子，可是后来死了。

(4)——他结婚＿＿＿，你知道吗？

　　——太好了！新娘是谁？

(5)他曾经结＿＿＿婚，后来离婚了，不过，听说他最近又结婚＿＿＿。

133."吃过饭了"和"吃过蛇肉"

[**要点提示**]有两个"过"：一个"过"表示"完成"，一个"过"表示"经验"。

比较：

(1)你吃过饭了吗？

(2)你吃过蛇肉吗？

(1)、(2)里的"过"不一样。(1)的"过"表示"完成"，(2)里的"过"表示"经验"。

一、表示"完成"的"过"后面可以有"了"，表示"经验"的"过"后面没有"了"：

(3)晚饭已经吃过了。

(4)蛇肉我吃过。

二、表示"完成"的时候，动词前面不能有"以前"，表示"经验"的时候，动词前面可以有"以前"。如：

(5)晚饭已经吃过了。

(6)蛇肉我以前吃过。

三、回答的方式不一样：

(7)A：你吃过了吗？

B：吃过了。/还没吃(呢)。

(8)A：你吃过蛇肉吗？

B：吃过。/(还)没吃过。

134."下雨起来"还是"下起雨来"?

[**要点提示**]不能说:

※外面下雨起来了。

"起来"可以表示"开始"。例如:

(1)他胖起来了。

(2)他高兴得唱起来了。

"胖起来"就是"开始变胖了","唱起来"就是"开始唱"。

这时,如果"起来"前面是一个动词,动词带有宾语,这个宾语要放在"起来"的中间。

> 动词 + 起(宾语)来　　(起来:"开始"义)

例如:

唱歌 + 起来 ⟹ 唱起歌来

下雨 + 起来 ⟹ 下起雨来

跳舞 + 起来 ⟹ 跳起舞来

(1)外面突然下起雨来了。

(2)他高兴得唱起歌来了。

(3)你什么时候也学起汉语来了?

(4)等他一说完,大家就一起鼓起掌来。

造句:

(1)吃完饭,他一个人在房间里看书 + 起来

(2)他以前只写诗,现在写小说了 + 起来

(3)两个人走进房间坐下,就谈工作了 + 起来

173

(4)说着说着,他就哭了 + 起来

(5)夏天到了,天气热了 + 起来

(6)谈着谈着,两个人就吵架了 + 起来

135."请你说下去"的"下去"是什么意思?

[要点提示]不能说:

　　　※请你说话下去。

"下去"放在动词后面,表示"继续"的意思。例如:

　　(1)请你说下去。

(1)的意思是:请你继续说,别停下来。

注意:这时,动词后面不可以带宾语,不说"说话下去"。

> 动词 + 下去　　("下去":"继续"义)

再看几个例子:

　　(2)这本书没意思,我不想看下去了。

　　(3)我喜欢现在的工作,所以我打算在这儿一直干下去。

　　(4)我们已经等了一个小时了,还要等下去吗?

136."坚持下来了"和"坚持下去"

[要点提示]"V.下来"表示从过去继续到现在。"V.下去"表示从

现在继续到将来。

"V.下来"表示从过去继续到现在。"V.下去"表示从现在继续到将来。

例如,一个长跑运动员,虽然跑得很累,但他终于跑完了全程,这时你说:

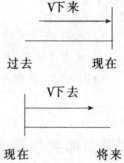

(1)他终于坚持下来了。

如果这位长跑运动员还没跑完,你鼓励他继续跑,这时你说:

(2)你一定要坚持下去!

再看一个例子:

(3)这个故事是从古代流传下来的,它将一直流传下去。

137."亮起来了"和"暗下来了"

[**要点提示**]"亮起来了"和"暗下来了"里"起来"、"下来"都表示"开始"。

在"亮起来了"和"暗下来了"里,"起来"和"下来"都表示"开始"。"亮起来了"就是"开始变亮","暗下来了"就是"开始变暗"。如:

(1)到了晚上,天暗下来了,马路两边的灯都亮起来了。

为什么一个用"起来",一个用"下来"呢?这是因为,"亮"和"暗"这两个词给我们的感觉不一样:"亮"好像是向上发展的,"暗"

175

好像是向下发展的。

还有：

$\uparrow$ 热闹起来　　胖起来　　硬起来　　$\uparrow$ 亮

$\downarrow$ 安静下来　　瘦下来　　软下来　　$\downarrow$ 暗

例如：

(2)八月底，大学生们一个个从家里回到学校，新的学期又要开始了，校园里热闹起来了。

(3)上课了，老师走进教室，同学们就安静下来了。

138. "见面你我很高兴"对不对？

[要点提示]不能说：

　　　　　　※见面你我很高兴。

　　　　　　※他昨天见面了一位老朋友。

　　　　　　※他结婚了一位中国姑娘。

比较下面(1a)和(1b)、(2a)和(2b)

(1)a. 见到你我很高兴。

　　b.※见面你我很高兴。

(2)a. 昨天我见到了一位老朋友。

　　b.※昨天我见面了一位老朋友。

从上面可以看到："见到"后面带有宾语，"见面"后面不能带宾语。

为什么呢？原来，"见面"并不是一个词，它是两个词，"见"是动词，"面"是宾语，"见面"是动词＋宾语，后面不能再带一个宾语

176

(※见面你)。

下面这些"词"都是动词 + 宾语,后面不能再带宾语:

见面   结婚   离婚   开玩笑   分手
握手   招手   道谢   生气   帮忙
请客   劳驾   毕业   谈话   打招呼

我们应该这样说:

(1)跟你见面我很高兴。(※见面你)

(2)他跟一位中国姑娘结婚了。(※结婚了一位中国姑娘)

(3)他喜欢跟学生开玩笑。(※开玩笑学生)

(4)我跟他分手一年多了。(※分手他)

(5)他热情地跟我握手。(※握手我)

(6)汽车开得很远了,他还在向我们招手。(※招手我们)

(7)他一再向我道谢。(※道谢我)

(8)他正在生我的气呢。(※生气我)

(9)他常常帮我的忙。(※帮忙我)

(10)他老是开我的玩笑。(※开玩笑我)

(11)你得请我的客呀。(※请客我)

(12)你能不能帮我一个忙?(※帮忙我)

(13)你什么时候大学毕业的?(※毕业大学)

(14)你们正在谈什么?(※谈话什么)

改正病句:

(1)※他昨天见面了他的中国老师。

(2)※你什么时候结婚她?

(3)※你千万别生气我。

177

(4)[※]请你帮忙我。

(5)[※]我要请客他。

(6)[※]他毕业复旦大学的。

(7)[※]我们开玩笑你，你别生气。

139．为什么不能说"散步散步"?

[要点提示]不能说：

　　　※咱们出去散步散步吧。

比较：

　(1)a. 咱们休息休息吧。

　　　b.[※]咱们出去散步散步吧。

　　为什么可以说"休息休息"，不能说"散步散步"? 因为"休息"是一个词，一个动词，所以重叠的时候用 AB AB：休息休息。可是"散步"不是一个词，是两个词，是动词＋宾语，所以只能说：散散步。还有：

开玩笑——开开玩笑		见面——见见面	
招　手——招招手		握手——握握手	
帮　忙——帮帮忙		洗澡——洗洗澡	
睡　觉——睡睡觉		下棋——下下棋	
唱　歌——唱唱歌		理发——理理发	
跳　舞——跳跳舞			
跑　步——跑跑步			
谈　话——谈谈话			

178

例如：

(2)咱们吃了晚饭出去散散步吧。

(3)我想跟他见见面。

(4)他每天早上跑跑步,晚上跟朋友们下下棋,跳跳舞,过
得既轻松又愉快。

140. 为什么不能说"谈话了一会儿"?

[**要点提示**]不能说:

　　　　※刚才我跟他谈话了一会儿。

　　　　※她结婚过两次。

"谈话"好像只是一个词,其实,"谈"和"话"是可以分开的。
"谈话"是:"动词 + 宾语"。所以,我们可以说:

　　谈谈话/谈了话/谈过话/谈过一次话/谈了半个小时话

跟"谈话"差不多的,还有:

　　唱歌　跳舞　睡觉　走路　跑步　洗澡　散步　上课
　　结婚

在用法上,要注意:

A.

| 动词 + 着/了/过 + 数量 + 宾语 |

例如:

(1)刚才我跟他谈了一会儿话。

(2)她结过两次婚。

179

(3)回到宿舍以后,我一定要舒舒服服地睡一觉。

(4)洗了一个澡,感觉轻松多了。

(5)我们好像见过面,是吗?

B.

| 动词 + 结果补语 + 宾语 |

例如:

(6)上完课就回家。

(7)洗好澡已经十二点钟了。

组成句子:

(1)我们刚才谈话 + 了 + 很多⇒

(2)请你唱歌 + 一个⇒

(3)我想跟他见面 + 一次⇒

(4)我们每天上课 + 三个小时⇒

(5)(我们认识),我们见面 + 过⇒

(6)他每天中午都要睡觉 + 一⇒

(7)理发以后你去哪儿 + 完⇒

141. 怎么分别"的"、"地"、"得"?

[要点提示]不能说:

　　　　※他跑的很快。

　　　　※他慢慢儿的走进教室。

一般地说，"的"、"地"、"得"的区别是：

一、

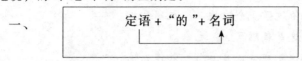

定语 + "的" + 名词

"的"是定语的标志(biāozhì mark)。例如：

(1)这是他的书。

(2)那个又高又胖的人是我们的英语老师。

(3)去西安的游客很多。

(4)他有一个很好听的中国名字。

二、

状语 + "地" + 动词

"地"是状语的标志。例如：

(5)他慢慢儿地走进教室。

(6)他大声地对我说：……

(7)大家高高兴兴地玩了一天。

三、

动词
形容词 + "得" + 补语

"得"放在补语前面，是补语的标志。如：

(8)我们把房间打扫得干干净净。

(9)她激动得差点儿哭了。

(10)他跑得很快。

(11)他看书看得连饭也忘了吃。

用"的"、"地"、"得"填空：

(1)汽车开____很慢。

(2)他过了一个愉快____星期天。

(3)这是我刚买____毛衣。

(4)他正在认认真真____做作业呢。

(5)他汉语说____十分流利。

(6)他们顺利____通过了考试。

(7)他写____字很大。

(8)他字写____很大。

142."我(的)朋友"和"我的书"

[**要点提示**]"我的朋友"可以说成"我朋友"。

比较：

(1)这是我(的)朋友。

(2)这是我的书。

在(1)里,可以没有"的",在(2)里,一定要有"的"。

"我"、"你"、"他"、"她"的后面如果是"爸爸、妈妈、姐姐、同学、朋友"这样的名词,中间的"的"常常不说。

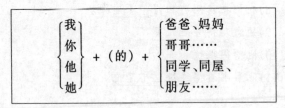

例如：

(1)我弟弟也在中国学习。

(2)你认识我同屋吗？

(3)我下午跟我女朋友有个约会。

注意,这里的名词"爸爸、朋友……"都是表示人跟人的关系的。如果名词是表示事物的,就要说"的"。例如:

(4)这是我的教室。

(5)他的房间比我的大。

(6)听了我的故事,大家都笑了。

143."我们(的)学校"和"我们的书"

[要点提示]"我们的学校"可以说成"我们学校"。

比较:

(1)这是我们(的)学校。

(2)这是我们的书。

在(1)里,可以没有"的",在(2)里,一定要有"的"。

"我们、你们、他们、她们"后面的名词如果是"学校、工厂、邮局、商店"这样的词,"的"常常不说。

$$\left.\begin{matrix}\text{我们}\\ \text{你们}\\ \text{他们}\\ \text{她们}\end{matrix}\right\} + （\text{的}） + \left\{\begin{matrix}\text{学校、工厂}\\ \text{邮局、商店}\\ \text{班级、国家}\\ \text{……}\end{matrix}\right.$$

例如:

(3)我们学校比你们学校小。

(4)请介绍一下你们国家的天气情况。

(5)明天我们要去他们厂参观。

但是,如果这里的名词是表示事物的,就要说"的"。例如:

(6)我们的书比你们的新。

(7)请写一下你们的姓名和地址。

(8)看了我们的文章,老师笑了。

144."丝绸衬衫"和"丝绸的优点"

[要点提示]不能说:

　　※他买了一件丝绸的衬衫。

　　※这些塑料的花儿很便宜。

　　※他是一位汉语的老师。

名词₁(性质)+名词₂

一个名词放在另外一个名词前面作定语,如果前面的那个名词表示性质(职业、原料、类别等),中间不能用"的"。例如:

(1)他买了一件丝绸衬衫。

(2)这些塑料花很便宜。

(3)他是一位汉语老师。

(4)我有两个中国朋友。

(5)这是英语词典、那是汉语词典。

184

注意,如果前面一个名词表示领属(lǐngshǔ possession),那么,中间就要有"的"。

名词₁(领属)+ 的 + 名词₂

如:

(6)孩子的父母亲也来了。

(7)房间的门坏了。

(8)今天我们谈谈丝绸的优点。

下列各句要不要"的"?(如果要,请写"的";如果不要,请写"∅")

(1)这是老师_____课本。

(2)这是初级汉语_____课本。

(3)你的中国_____朋友叫什么名字?

(4)他是中国人民_____老朋友。

(5)他是一个汽车_____司机。

(6)这辆汽车_____车门不太好。

(7)我买了一套玻璃_____杯。

(8)那儿还有不少木头_____房子。

(9)你知道这种玻璃_____价钱吗?

145."大院子"和"很大的院子"

[要点提示]不能说:

※我家有一个大的院子,院子里有许多花儿。

下面的短语都是:形容词＋名词,如:

　　好朋友　新书　小事　大院子　脏衣服

　　大商店　小河　高山　旧报纸　老同学

这时,形容词大多是一个字的,形容词和名词中间没有"的"。它们都是我们平时常常说的,好像只是一个词,不是两个词。

　　(1)我家有一个大院子,院子里有许多花儿。

　　(2)他是我的好朋友。

只有在特别强调的时候,才在中间加一个"的",如:

　　(3)旧的书都放在下面,新的书放在上面。

　　如果形容词是两个字的,形容词和名词中间大多要有"的"。例如:

　　(4)我家有一个漂亮的院子。

　　如果在形容词前面再加上"很"、"非常"等等,或者用形容词的重叠式,那就一定要用"的"。例如:

　　(5)我家有一个很大的院子。

　　(6)他是我最好的朋友。

　　(7)前面是一条小小的河。

下列各句什么地方要"的",什么地方不要"的"?

　　(1)他是我好朋友。

　　(2)他是我最好朋友。

　　(3)干干净净桌子上,放着一本新词典。

　　(4)我家前面有一个大商店。

　　(5)我家前面有一个不太大商店。

　　(6)他总是买便宜东西,从来不买贵东西。

　　(7)那条小河里有鱼。

　　(8)这是一件大事,一件重要事。

186

146."写字很大"还是"写的字很大"?

[要点提示]不能说:

　　　※他写字很大。

　　　※我们去参观农村很远。

　　　※昨天我买一本词典很贵。

　　我们可以说:他写字。也可以说:字很大。但不能说:※他写字很大。应该说:

　　　(1)他写的字很大。

这里,"他写"是"字"的定语。

　　　　　　他写 的 字

　　同样:

　　　(2)我们去参观农村⎫
　　　　　农村很远　　　⎬⇒我们去参观的农村很远

　　　(3)昨天我买了一本词典⎫
　　　　　那本词典很贵　　　⎬⇒昨天我买的那本词典很贵

动词、动词短语作定语,必须带"的"。再看几个例子:

　　　(4)来的人是谁?

　　　(5)昨天来的人是谁?

　　　(6)昨天从上海来北京看你的那个人是谁?

　　　(7)你昨天送给我的那本书很有意思。

　　　(8)他们商店卖的衣服都是名牌。

(一)把两个句子合成一个句子:

　　　(1)他说话⎫
　　　　　话很清楚⎬⇒＿＿＿＿＿＿＿＿。

187

(2) 今天放电影
电影很有意思 ⟫⇒ ＿＿＿＿＿＿＿＿＿。

(3) 我今天下午要去见一个人
那个人是一位著名教授 ⟫⇒ ＿＿＿＿＿＿＿＿＿。

(4) 昨天上午学生去上课
学生不多 ⟫⇒ ＿＿＿＿＿＿＿＿＿。

(5) 我弟弟在香港
我弟弟明天来看我 ⟫⇒ ＿＿＿＿＿＿＿＿＿。

(二)填写含有动词的定语：

(1) 坐在你旁边的那个人是谁？

(2) ＿＿＿＿＿＿那个人是谁？

(3) ＿＿＿＿＿＿那个人是谁？

(4) ＿＿＿＿＿＿那个人是谁？

(5) ＿＿＿＿＿＿那个人是谁？

147."一本我的书"还是"我的一本书"？

[要点提示]不能说：

　　　　※这是一本我的汉语书。

　　　　※那篇他的文章登在报纸上了。

　　作定语时,表示领属(lǐngshǔ possession)的词语总是放在最前面。例如：

　　我这本书

　　他那篇文章

　　我的一本汉语书

188

他(的)那一篇长文章

小王(的)那一篇关于中国经济的长文章

中国最大的一个工业城市

上海最热闹的一条马路

所以,我们应该说:

(1)这是我的一本汉语书。

(2)他那篇文章登在报纸上了。

合起来怎么说?

(1) 我的书
    这本书 } ⇒我这本书

(2) 他的词典
    那本汉英词典 } ⇒

(3) 他们班的学生
    那几个特别聪明的学生 } ⇒

(4) 她的裙子
    一条红裙子 } ⇒

(5) 图书馆的书
    新书 } ⇒

148."小漂亮的房间"还是"漂亮的小房间"?

[要点提示]不能说:

　※我有一个小漂亮的房间。

"小"和"漂亮"都是形容词,不过,我们说"小房间"时,一般不

用"的",说"漂亮的房间"时,要有一个
"的"。那么,一起说的时候,哪个在先,哪
个在后呢?应该是:带"的"的定语在前面,
不带"的"的定语在后面。例如:

$$\begin{array}{r} 小房间 \\ + \ 漂亮的房间 \\ \hline ? \quad 房间 \end{array}$$

(1)　　　　　　房间
　　　　　　小房间
　　　　漂亮的小房间
　　　一个漂亮的小房间
　　我那(一)个漂亮的小房间

(2)　　　　　　　　　　饼
　　　　　　　　　　圆饼
　　　　　　　　　小圆饼
　　　　　又香又甜的小圆饼
　　　　那些又香又甜的小圆饼
　　食堂里那些又香又甜的小圆饼

合起来怎么说?

(1)　漂亮的房间　　⎫
　　　小房间　　　　⎬⇒漂亮的小房间

(2)　雄伟的山　　　⎫
　　　高山　　　　　⎬⇒

(3)　一张报纸　　　⎫
　　　旧报纸　　　　⎬⇒
　　　重要的报纸　　⎭

(4)　我的朋友　　　⎫
　　　老朋友　　　　⎪
　　　那位朋友　　　⎬⇒
　　　特别热情的朋友⎭

190

149."丝绸漂亮的衬衫"还是"漂亮的丝绸衬衫"?

[要点提示]不能说:

　　　　　※我买了一件丝绸漂亮的衬衫。

　　说"丝绸衬衫"时,中间没有"的";说"漂亮的衬衫"时,中间有"的"。这时,带"的"的定语应该在前面。

　　　　　　　丝绸衬衫
　　　　+ 漂亮的衬衫
　　　　漂亮的丝绸衬衫

再如:

　　(1)　　　　　　　　　　　　木头房子
　　　　　　　　　　　　　小小的木头房子
　　　　　　　　　　　那一间小小的木头房子
　　　　　　　　我家旁边那一间小小的木头房子

　　(2)　　　　　　　　　　　　工业城市
　　　　　　　　　　　　　最大的工业城市
　　　　　　　　　　　中国最大的工业城市

　　(3)　　　　　　　　　　　　汉语老师
　　　　　　　　　　　教口语课的汉语老师
　　　　　　　　　很年轻的教口语课的汉语老师
　　　　　　　那个很年轻的教口语课的汉语老师
　　　　他们学校那个很年轻的教口语课的汉语老师

合起来怎么说?

　　(1)丝绸衬衫　　　⌉
　　　　漂亮的衬衫　⌋⟹漂亮的丝绸衬衫

(2)一位司机
　卡车司机
　他们厂的司机　⟩⟹
　年轻的司机

(3)山上的小屋
　木头小屋
　圆顶的小屋　⟩⟹
　那间小屋

150."小王师傅"和"小王的师傅"

[要点提示]"小王师傅"和"小王的师傅"意思不一样。

下面两句话意思一样不一样?

(1)小王师傅技术很高。

(2)小王的师傅技术很高。

(1)≠(2)。(2)的意思是:小王有一个师傅,他师傅技术很高。(1)的意思是:小王技术很高。"小王"="师傅",指同一个人。我们把"小王"和"师傅"叫"同位语"。再如:

(3)我们老师很忙。(我们是老师,我们很忙)

(4)我们的老师很忙。(我们有一位/几位老师,他/他们很忙)

想一想下面的对话是什么意思:

(5)老师:你的汉语进步很快。

　学生:那是你这位老师教得好。

192

"那是你这位老师教得好"里,"你"="老师"。意思是:你是老师,你教我汉语,因为你教得好,所以我进步很快。

151."我们也当然想休息"还是"我们当然也想休息"?

[**要点提示**]不能说:

　　　　※我们也当然想休息。

　　　　※他们已经到底来了没有?

　　　　※他早就也许来过了。

　　下面这些词都是表示语气的副词:

　　辛亏　　难道　　竟然　　居然　　到底　　偏偏　　明明

　　简直　　反正　　大概　　也许　　当然　　究竟

　　语气副词总是放在谓语部分里比较前边儿的地方,如:

　　　　(1)我们<u>当然</u>也想休息。

　　　　(2)他们<u>到底</u>已经来了没有?

　　　　(3)他<u>也许</u>早就来过了。

　　　　(4)你<u>难道</u>还不知道吗?

　　　　(5)他<u>竟然</u>会骑车去那么远的地方。

　　不过,在语气副词前边还可以有表示时间的名词。例如:

　　　　(6)我们现在<u>当然</u>也想休息。

　　　　(7)他们昨天<u>到底</u>来了没有?

　　所以,这类句式通常是:

```
主语 + 时间名词 + 语气副词 + 其他状语 + 动词……
```

152."我们就明天不来了"还是"我们明天就不来了"?

[要点提示]不能说:

　　　　※如果没有事的话,我们就明天不来了。

　　　　※他一直很准时,可是却昨天迟到了。

　　关联副词不但应该放在主语的后面,而且常常放在时间状语的后面,通常是:

> 主语 + 时间状语 + 关联副词(就/却/也/还/……) + ……

例如:

　　(1)a.※如果没有事的话,就我们明天不来了。

　　　　b.※如果没有事的话,我们就明天不来了。

　　　　c. 如果没有事的话,我们明天就不来了。

这里,"我们"是主语,"明天"是时间状语,"就"是关联副词,"就"应该放在"明天"的后面。再看几个例子:

　　(2)他一直很准时,可是昨天却迟到了。

　　(3)我们不但现在是朋友,而且以后也永远是朋友。

　　注意:这里的时间状语必须是名词,如果是副词,应该在关联副词的后面。比较:

　　(4)他一直很准时,可是昨天却迟到了。

　　(5)大家都很准时,可是他却常常迟到。

"昨天"是名词,在"却"前;"常常"是副词,在"却"后。

把括号里的词放在合适的地方:

　　(1)他不但自己努力学习,A平时B热情帮助别人。(还)

194

(2)他不但自己努力学习,A 常常 B 热情帮助别人。(还)

(3)他昨天来过,A 今天 B 来了。(又)

(4)他昨天来过,A 她 B 昨天 C 来过。(也)

(5)他已经去了,A 她 B 已经 C 去了。(也)

(6)他以前从来不来,A 昨天 B 突然 C 来了。(却)

153."也明天去"和"明天也去"

[**要点提示**]有的时候应该说"也明天去",有的时候应该说"明天也去"。

比较:

(1)——我们明天去杭州,你们什么时候去?

　　——我们也明天去。

(2)——我们明天去杭州,你们明天去哪儿?

　　——我们明天也去杭州。

(1)里,"我们"是话题(topic),讲的是我们跟你们去杭州的时间是一样的,都是"明天",所以"也"在"明天"前面。(2)里,"我们","明天"都是话题,讲的是去的地方是一样的,都是"杭州",所以"也"在"明天"后面,"去"前面。再比较:

(3)如果你同意,我们 就 明天去,如果你不同意,我们就后天去。

(4)如果你同意,我们明天 就 去一次,如果你不同意,我们明天就不去了。

195

154. "才骑车骑了一个小时"还是"骑车才骑了一个小时"?

[要点提示]不能说:

　　※从学校到市中心,我们才骑车骑了一个小时。

请看下面的例子:

　　(1)如果把东西放得很整齐,用起来就十分方便。

　　(2)从学校到市中心,我们骑车才骑了一个小时。

　　(3)他唱歌唱得很好,跳舞也跳得不错。

　　(4)他工作很认真,学习又非常努力,所以大家选他当班长。

　　在上面的句子中,虽然"用起来"、"骑车"、"跳舞"、"学习"都是动词、动词短语,"就"、"才"、"也"、"又"都是副词,但是,这里这些动词、动词短语都是话题(topic),所以,这些副词应该放在它们的后面。

把括号里的词放在合适的地方:

　　(1)这苹果看上去不错,A吃起来B不怎么样。(却)

　　(2)他A来中国B两年了。(已经)

　　(3)他们A起床B起得很早。(都)

　　(4)他不但对别人很严格,A对自己B很严格。(也)

155."都也"还是"也都"?

[要点提示]不能说:
　　　　　※我们都去了,他们都也去了。
　　　　　※我们都没去,他们都也没去。

　　"也"一定放在"都"、"不"、"没"的前面。

> 都
> 也 + 不 + ……
> 没

　　例如:
　　　　(1)我们都去了,他们<u>也都</u>去了。
　　　　(2)我们没去,他们<u>也没</u>去。
　　　　(3)我们明天不上课,他们明天<u>也不</u>上课。
　　不过,下面这句话里"不"在"也"的前面:
　　　　(4)——他已经学了一年汉语了,所以汉语说得很好。
　　　　　　——你<u>不也</u>学了一年了,为什么还说不好?
　　(4)跟上面(1)、(2)、(3)不一样,(4)里"你不也学了一年了"＝
"你不是也学了一年了吗?"＝你也学了一年了。这是反问句。

156."没都来"和"都没来"

[要点提示]"没都来"和"都没来"意思不一样。

"没都来"的意思是:有的来了,有的没来。"都没来"的意思是:全都没来,一个也没来。例如:

  (1)学生们只来了三四个,没都来上课。

  (2)学生们全在宿舍里,都没来上课。

再比较(3)和(4)、(5)、(6):

  (3)我跟他都喜欢体育运动,但不完全一样,他喜欢踢足
    球,我喜欢打篮球。

  (4)我跟他完全不一样,他喜欢抽烟,我最讨厌抽烟。

  (5)这次你的考试成绩只有七十多分,不太好。(不很好)

  (6)这次你的考试成绩只有四十多分,很不好。

157."已经昨天来过了"还是"昨天已经来过了"?

[**要点提示**]不能说:

   ※他已经昨天来过了。

  如果动词前面同时有几个表示时间的状语,它们的顺序是:

> 表示时间的名词 + 表示时间的介词短语 + 表示时间的副词

例如:

  (1)他昨天已经来过了。

  (2)他昨天从早上六点钟开始就等在那儿了。

  (3)他以前常常来。

  (4)他星期天晚上从六点钟到八点钟常常在宿舍拉小提琴。

158."很好地唱"还是"唱得很好"?

[要点提示] 不能说:

　　　　※他刚才很好地唱了一个歌。

　　　　※他总是很快地骑自行车。

补语有很多种,其中的一种是:

　　　　动词/形容词 + 得 + 情态补语

这时,动词/形容词是"话题"(topic),情态补语是对话题的"陈述"(say something about the topic)。

> 动词/形容词 + 得 + 情态补语
> 　话题　　　　　　　陈述

根据意思,我们可以把情态补语分成三类:

一、补语表示评价(píngjià comment):

　　(1)他刚才唱了一个歌,唱得<u>很好</u>。

　　(2)他骑自行车总是骑得<u>很快</u>。

　　(3)你汉语说得<u>不错</u>。

二、补语表示结果(jiéguǒ result):

　　(4)他把那几件衣服洗得<u>干干净净</u>。

　　(5)他气得<u>哭了</u>。

　　(6)我们吃得<u>满意极了</u>。

三、补语表示程度:

　　(7)他高兴得<u>不知道说什么好</u>。

　　(8)房间里暗得<u>什么也看不见</u>。

上面句子里这些表示"评价"、"结果"、"程度"的词语都只能作补语,不能作状语。

完成句子:

(1)孩子们正在院子里玩呢。你看,他们玩得_____啊!

(2)我看了你的文章,你写得_____。

(3)他刚才讲了一个故事,他讲得_____。

(4)他每天起得_____。

(5)你想学唱歌吗?跟她学吧!她唱歌唱得_____。

(6)他们把桌子擦得_____。

(7)这本书太有趣了,他看得_____。

(8)听到这个消息,他激动得_____。

(9)她已经十六岁了,长(zhǎng)得_____。

159."说汉语得很好"为什么不对?

[要点提示]不能说:

　　　　※他说汉语得很好。

　　　　※他睡觉得很晚。

我们不能说:※他说汉语得很好。我们应该说:

(1)他说汉语说得很好。

为什么?因为:"说汉语"是动词+宾语。"得"一定要放在动词的后面,不能放在宾语的后面。动词和"得"中间不能有别的词语。所以,我们不得不重复动词,把它说两遍。

动词 + 宾语 + 动词 + 得 + 补语

200

例如：

(2)他骑自行车骑得很快。

(3)他介绍他的家庭介绍得很简单。

这样说话是不是太麻烦了？是有一点儿麻烦。不过,有时候我们可以把宾语放到前面去,只说一个动词：

(4)汉语他说得很好。

(5)他汉语说得很好。

有时候干脆不要"宾语",只说"动词 + 得 + 补语"：

(6)他每天骑自行车上班,骑得很快。

(7)他给我们介绍了他的家庭,介绍得很简单。

(8)他会说汉语,说得很好。

上面三个例句,都有两个小句,第一个小句告诉我们"干什么",第二个小句告诉我们"怎么样",这样就很清楚,也很简单。

造句：

(1)写汉字　认真⇒他写汉字写得很认真。

(2)开汽车　很快⇒

(3)讲故事　很流利⇒

(4)打扫房间　很干净⇒

(5)吃饭　很多⇒

(6)起床　很早⇒

(7)睡觉　很晚⇒

(8)跳舞　很优美⇒

(9)考试　很不错⇒

(10)跑步　很快⇒

160."请写得很大"还是"请写得大一点儿"?

[要点提示]不能说：

  ※黑板上的字太小，请你写得很大。

"写得很大"、"写得大一点儿"、"写得大了一点儿"三种说法是不一样的。比较下面 A、B、C、D 四组：

A. | V 得很 Adj. |

  (1)他在黑板上写了一个字，字写得很大。

  (2)他昨天理了个发，前面的头发理得很短。

  (3)他把电视机放得离床很远。

B. | V 得 Adj.一点儿/一些 |

  (1)黑板上的字太小，我看不清，请你写得大一点儿。

  (2)师傅，前面的头发能不能理得短一些？

  (3)把电视机放得离床远一点儿，好吗？

C. | V 得 Adj.了一点儿 |

  (1)你的字写得小了一点儿，我看不清。

  (2)哎呀，前面的头发理得短了一点儿，有点儿难看。

  (3)电视机放得离床近了一点儿，这样对眼睛不好。

D. | V 得 Adj.了一点儿 |

  (1)刚才字写得太小了，现在写得大了一点儿。

  (2)上一次前面的头发理得太长，这一次理得短了一点儿。

  (3)他们把房间重新布置了一下，现在电视机放得离床远了一点儿。

  A 组句子用"V 得很 Adj."，向我们描写"怎么样"。动作已经

202

发生了:"字"已经写了,"发"已经理了,"电视机"已经放好了。写得怎么样? 理得怎么样? 放得怎么样? 这里要用"V得很Adj."。

B组句子用"V得Adj.一点儿",表示希望、请求、命令等。希望字大一点儿,希望前面的头发短一点儿,希望电视机离床远一点儿。这里要用"V得Adj.一点儿"。

C组句子用"V得Adj.了一点儿",表示不满意。"写得小了一点儿"="写得太小了"。"理得短了一点儿"="理得太短了","放得近了一点儿"="放得太近了",都是不好的。

D组句子跟C组句子一样,也是"V得Adj.了一点儿"。它还有一个意思,表示变化:刚才的字小,现在的字大。上一次理得长,这一次理得短。以前离床近,现在离床远。这些都是变化。这时也可以说成"V得Adj.一点儿了"。例如:

现在写得大一点儿了/这一次理得短一点儿了……。

请选择恰当的词语填空:

(1)老师,请你说得____。

(A.很慢　B.慢一点儿)

(2)老师看了我写的文章,觉得我写得____。

(A.短一点儿　B.短了一点儿)

(3)我让司机开得____,可是他还是开得____。

(A.很快　B.快一点儿　　A.很慢　B.慢一点儿)

(4)这课本太容易了,有没有____的?

(A.难一点儿　B.难了一点儿)

(5)这课文____,我看不懂。

(A.难一点儿　B.难了一点儿)

161. "早一点儿来"、"多吃一点儿"和"说得慢一点儿"

[要点提示] 不能说:

　　　　※明天你来得早一点儿。

　　　　※你要吃多一点儿水果。

　　　　※请你慢一点儿说。

"请你……。"这是祈使句。

早 晚 + (一)点儿 + V	多 少 + V + (一点儿 ……)	V 得 Adj.一点儿
早(一)点儿来	多吃(一)点儿	说得慢一点儿
晚(一)点儿去	少喝(一)点儿酒	开得快一点儿
早(一)点儿出发	多说汉语	写得大一点儿

　　在祈使句里,有三种格式。"早、晚"是一类,"多、少"是一类,其他形容词是一类。例如:

　　A.(1)明天请你早一点儿来,别迟到了。

　　　　(2)有一位同学还没到,能不能晚一点儿开车?

　　B.(3)你别客气,多吃点儿啊!

　　　　(4)少喝点儿吧,别喝醉了。

　　　　(5)你要多说汉语,别老说英语。

　　C.(6)请你说得慢一点儿。

　　　　(7)师傅,你能不能开得快一点儿,我有急事。

204

162."看清楚"、"看得清楚"和"看得很清楚"

[要点提示] 要区别三种补语:结果补语、可能补语、情态补语。

请看下面的句子:

(1)大家都<u>看清楚了</u>吗? 如果还<u>没看清楚</u>,可以再看一看。

(2)你眼睛好,一定<u>看得清楚</u>,我眼睛不好,恐怕<u>看不清楚</u>。

(3)刚才那个字写得很小,我<u>看得不大清楚</u>;现在这个字写得比较大,我<u>看得很清楚</u>。

(1)里的"看清楚"是: 动词 + 结果补语

(2)里的"看$_{不}^{得}$清楚"是: 动词 + $_{不}^{得}$ + 可能补语

(3)里的"看得……清楚"是: 动词 + 得 + 情态补语

这三种格式的意义和用法是不一样的。

一、它们的否定式不一样:

结果补语:看清楚了——没看清楚

可能补语:看得清楚——看不清楚

情态补语:看很清楚——看得不清楚

二、重音不一样:

可能补语,重音在"看"上:看得清楚/看不清楚

情态补语,重音在"得"后面:看得很清楚/看得不清楚

三、表达的意思不一样:

结果补语,表示动作的结果:看清楚了/没看清楚

可能补语,表示"能还是不能":看得清楚/看不清楚

情态补语,描述动作的结果、程度:看得很清楚/看得不清楚

四、补语的长度不一样:

结果补语,"看清楚了"、"没看清楚",补语只有一个词:"清楚"。不能说"看非常清楚了"、"没看非常清楚"……

可能补语,"看得清楚"、"看不清楚",补语也只能有一个词:"清楚"。

情态补语,可以不只一个词,常常比较长、比较复杂。如:看得很清楚、看得非常清楚、看得清清楚楚、看得比任何人都清楚……

五、问法不一样:

结果补语:看清楚了吗/看清楚了没有/看没看清楚

可能补语:'看得清楚吗/'看得清楚'看不清楚

情态补语:看得'清楚吗/看得'清楚不'清楚

选择恰当的词语填空:

(1)在这儿____汉法词典吗?(A 买到　B 买得到)

(2)听说你昨天去买汉法词典,____了吗?(A 买到　B 买得到)

(3)我们还没____饱。(A 吃　B 吃得)

(4)这顿饭我们____不太饱。(A 吃　B 吃得)

(5)只有这么一点东西,怎么____饱呢?(A 吃　B 吃得)

(6)他把衣服都____干净了。(A 洗　B 洗得)

(7)他把衣服都____干干净净。(A 洗　B 洗得)

(8)这件衣服太脏了,我实在____不干净。(A 洗　B 洗得)

163."不能听懂"还是"听不懂"?

[**要点提示**]不能说:

　　　　※你讲得太快,我不能听懂。

可能补语是指:

$$动词 + \frac{得}{不} + 补语$$

它表示"能不能"的意思。例如:"听得懂"就是"能听懂"的意思。我们可以说:听得懂;也可以说:能听懂;还可以说:能听得懂。如:

　　(1)我的话你能听懂吗? /我的话你听得懂吗? /我的话
　　　　你能听得懂吗?

　　(2)你的话我都能听懂。/你的话我都听得懂。/你的话
　　　　我都能听得懂。

　　但是,否定的时候,应该说"听不懂",不说"不能听懂"。

　　(3)你讲得太快,我听不懂。(※我不能听懂。)

再如:

　　(4)——这本书三天能看完吗? /看得完吗?

　　　　——三天看不完(※不能看完)。

164."不能睡觉"和"睡不着"

[**要点提示**]"不能睡觉"是"睡觉"这个动作不能或不可以出现。

"睡不着"是可以睡觉,但是没有进入睡眠状态。

老师:大西,你身体不舒服吗?

大西:不。我想睡觉。昨天晚上我不能睡觉。

老师:怎么,昨天晚上你没睡觉?

大西:不,我睡觉了。可是天气太热,有蚊子。有些同学不睡觉,他们听音乐、唱歌,所以我不可以睡觉。

老师:哦,你没睡好。你应该说"睡不着"。

从上面的这段对话中,你是否看出了"不能睡觉"和"睡不着"有什么不同?

要弄懂这个问题,先要知道"睡觉"和"睡着"的区别。"睡觉"是一个动作,"睡着"是进入了睡眠状态,"着"表示睡觉有了结果。"睡觉"可能有两种结果:"睡着了"或者"没睡着"。能不能出现"入睡"的结果,我们就说"睡得着"或者"睡不着"。因此,"不能睡觉"是因为某种原因,比如没有时间、没有地方,或者没有睡觉的设备,所以"睡觉"这个动作不能或不可以出现。可以睡觉,但是因为某种原因,比如身体不舒服、太吵闹、天气太热等等,无法进入睡眠的状态,在床上翻来翻去,我们就说"睡不着"。

"动词 + 得/不 + 着"是汉语可能补语的一种结构方式,表示是否达到了目的或有了结果。还可以说"猜得着"、"猜不着"、"找得着"、"找不着"、"打得着"、"打不着"、"火点得着"、"点不着"。

165."买得到"和"买得起"

[**要点提示**]"买得到"和"买得起"意思不一样。

比较:

　　(1)我家乡买不到这么好的皮大衣,所以我要买一件带回家去。

　　(2)皮大衣太贵了,我买不起,所以我没买。

　　如果商店里有,你就"买得到";如果商店里没有,你就"买不到"。如果你有足够的钱,你就"买得起";如果你的钱不够,你就"买不起"。

　　还有很多"V得/不到"和"V得/不起",区别也一样。

用"到"、"起"填空:

　　(1)在他们那儿,一年四季都是冰天雪地,哪里吃得____这么新鲜的水果!

　　(2)这种进口水果价钱很贵,以前是吃不____的,不过,现在工资高了,吃得____了。

　　(3)在这样的宾馆里住一夜,得用掉我一个月的工资,我怎么住得____啊!

　　(4)这本词典太小了,有些不太常用的词在这本词典里查不____。

166."不能进去"和"进不去"

[**要点提示**]"不能进去"和"进不去"意思不一样。

　　比较:

　　(1)门锁着,我没钥匙,进不去。

(2)对不起,你没票,不能进去。

(1)的意思是"没办法进去",这时一定要说"进不去",不能说"不能进去"。(2)的意思是"不可以进去",这时一定要说"不能进去",不能说"进不去"。再如:

(3)黑板上的字写得太重了,擦不掉。

(4)黑板上的字下节课还要用,不能擦掉。

选择恰当的词语填空:

(1)学校规定:图书馆的杂志_____。(A.不能拿出去 B.拿不出去)

(2)你放心,门口有人检查,所以这些杂志是肯定_____的。(A.不能拿出去 B.拿不出去)

(3)生词实在太多了,我_____啊!(A.不能记住 B.记不住)

(4)这是秘密,你可千万_____啊!(A.不能说出去 B.说不出去)

(5)你快躺下吧,你身体还没好,_____。(A.不能起来 B.起不来)

(6)晚上睡得太晚,早上_____。(A.不能起来 B.起不来)

167."看了半天书"和"等了他半天"

[要点提示]不能说:

210

※我看了书半天。

※我等了半天他。

请想一想：

(1)我看书 + 我看了半天⟹?

(2)我等他 + 我等了半天⟹?

在回答上面两个问题以前,先比较一下下面两组句子：

A			B		
动词 +	时量/动量补语	+ 宾语	动词 +	宾语 +	时量/动量补语
看了	半天	书	等了	他	半天
上	三个小时	课	等	他	一下
等了	半个小时	汽车	见过	他	两次
吃过	两次	饭	去过	那儿	两次

我们发现:在(A)组中,宾语"书"、"课"、"汽车"、"饭"都是名词,这时,补语在前面,宾语在后面：

动词 + 时量/动量补语 + 宾语(名词)

在(B)组中,宾语"他"、"那儿"是代词,这时,补语在后面,宾语在前面：

动词 + 宾语(代词) + 时量/动量补语

不过,如果宾语是地名、人名,放在补语前面、后面都可以,如：

(3)你等一会儿老王吧。/你等老王一会儿吧。

(4)我去过两次北京。/我去过北京两次。

把括号里的词语放在合适的位置上：

 (1)我们每天 A 上 B 班 C。 （八小时）

 (2)请你 A 等 B 我 C。 （一下）

 (3)我在和平饭店 A 吃过 B 饭 C。（三次）

 (4)你看了 A 电视 B 了 C。（半天）

 (5)你 A 去过 B 那儿 C？（几次）

 (6)我 A 学过 B 汉语 C。（两年）

 (7)他 A 看了 B 我 C。（一下）

168."来中国两个月了"和"看了两个小时电视了"

[**要点提示**]不能说：

  ※来中国来了两个月了。

  ※看电视两个小时了。

看下面的句子：

A	B
Aa※看电视两个小时了。	Ba√来中国两个月了。
Ab√看电视看了两个小时了。	Bb※来中国来了两个月了。
Ac√看了两个小时电视了。	Bc※来了两个月中国了。

 Aa 不对,Ab、Ac 对;Ba 对,Bb、Bc 不对。为什么？因为 A 和 B 是两种不同的句子。A 里"看"这个行为是可以延续(yánxù contin-ue, sustain)的,B 里"来"这个行为是不能延续的。

 A 的意思是:在两个小时里,一直都在看电视。

212

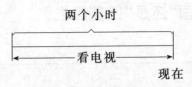

这时，我们说 Ab 或者 Ac。Ab = Ac。

B 的意思是：从"来中国"到现在，已经有两个月了。

这时，我们说：

Ba 来中国两个月了。

再看几个例子：

     A．(1)我学汉语学了三年了。/我学了三年汉语了。

        (2)他睡觉睡了十个小时。/他睡了十个小时觉。

        (3)我等你等了半天。/我等了你半天。

     B．(4)他们结婚三年了。

        (5)他回国三天了。

        (6)我参加工作已经十年了。

按前面给的意思造句：

(1)我等公共汽车 + 半个小时⇒我等公共汽车等了半个小时了。

(2)他离开中国 + 半年⇒他离开中国半年了。

(3)他去日本 + 三年⇒

(4)他教汉语 + 三年⇒

(5)他起床 + 一个小时⇒

(6)他学开车 + 三个月⇒

(7)他学会开车 + 三个月⇒

169."回去英国"还是"回英国去"?

[要点提示]不能说:

　　※我下个星期要回去英国。

　　※他走出去教室了。

我们先来看这些词:

进来　出来　上来　下来　过来　回来

进去　出去　上去　下去　过去　回去

如果宾语表示地方,宾语要放在"进、出、上、下、过、回"和"来、去"的中间:

$$(V.)\begin{Bmatrix}进\\出\\上\\下\\过\\回\end{Bmatrix} + 地方 + \begin{Bmatrix}来\\去\end{Bmatrix}$$

例如:

　　(1)我下个星期要回去 + 英国

　　　　⇒我下个星期要回英国去。

　　(2)他走出去了 + 教室

　　　　⇒他走出教室去了。

　　(3)他上来了 + 楼

　　　　⇒他上楼来了。

214

按前面给的意思造句：

    (1)他回来了＋家⇒

    (2)他下去了＋楼⇒

    (3)下课以后我要回去＋宿舍⇒

    (4)他走过来了＋马路⇒

    (5)火车开进来了＋山里⇒

    (6)他跑出来接我＋房间⇒

    (7)他爬上去摘果子＋树⇒

    (8)他把东西放进去＋包里⇒

170."他以前住在过香港",对不对？

[要点提示]不能说：

        ※他以前住在过香港。

    "在"可以放在动词后面,如:放在桌上,站在前边,住在香港。"过"也可以放在动词后面,如:去过香港、吃过烤鸭。但是,"在"一定要紧紧地跟在动词后边,中间不能有别的词。"过"也一定要紧紧地跟在动词后边,中间也不能有别的词。这样,动词后边如果既用了"在"、又用了"过",它们非打架不可。所以不能说:

    (1)※他以前住在过香港。

我们可以说:

    (2)他以前住在香港。

    (3)他以前在香港住过。

另外，"住在"的后面一定要有宾语，告诉我们住在什么地方，如：

(4)我们俩都住在香港。

如果没有宾语，那就不用说"在"。例如：

(5)我们俩一起住。

不能说：※我们俩一起住在。

171."想出来"和"想起来"

[要点提示]"想出来"和"想起来"意思不一样。

"V－出来"表示事物从里到外、从无到有、从看不见到看得见，如：说出来、生产出来、显露出来。"想出来"的意思是：找到了办法、答案等。如：

(1)他想了半天，终于想出来一个好主意。

(2)孩子已经出生一个星期了，可是叫什么名字还没想出来呢。

(3)这个问题太难了，我一下子想不出来该怎么回答。

"想起来"的意思是：回忆(huíyì call to mind)、记起来。如：

(4)走在路上，他突然想起来一件事。

(5)这个人我以前见过，可是他的名字我忘了，实在想不起来了。

(6)这个字好像学过，但我一下子想不起来该怎么读。

172.“来得及”“来不及”和“赶得上”“赶不上”

[**要点提示**]“来得及”或“来不及”+动词或动词短语。“赶得上”或
“赶不上”+动词短语或名词。

“来得及”“来不及”和“赶得上”“赶不上”都跟时间有关系。有
时间可能做某件事,就说“来得及”或“赶得上”;时间紧迫
(shíjiānjǐnpò be pressed for time),不可能做某件事,就说“来不及”
或“赶不上”。例如:

(1)电影八点半开始,现在走还来得及。

电影八点半开始,现在走还赶得上。

(2)开车时间已经到了,司机还没来,恐怕来不及了。

开车时间已经到了,司机还没来,恐怕赶不上了。

“来得及”和“来不及”是两个固定的词语,中间不能拆开。后
面一定带动词短语,也可以只有一个动词或“了”。“来不及”也可
以说“没来得及”,是过去式。例如:

(3)A. 已经七点半了,来得及来不及吃早饭? (或者“早
饭来得及来不及吃”)

B. 太晚了,来不及吃了。(或者“来不及了”)

(4)他没来得及吃早饭就去上班了。

“赶得上”和“赶不上”是可能补语的结构方式:

动词“赶”+“得”或“不”+“上”(“上”是补充说明动词“赶”的
结果)。

动词“赶”有受时间限制而追赶(zhuīgǎn catch up with)的意
思,可以说“赶时间”、“赶车”、“赶路”、“赶任务”等。因此“赶得
上”、“赶不上”后面可以带名词或动词短语。不可以只用一个动词。

217

例如：

(5)A:已经八点钟了,赶得上赶不上(或者"来得及来不及")(去食堂)吃早饭? (也可以说"去食堂吃早饭赶得上赶不上?"或者"来得及来不及?")

　　B:可能食堂已经关门了,赶不上了。(或者"来不及了")

(6)时间太晚了,来不及坐末班车了。

　　时间太晚了,赶不上(坐)末班车了。

(7)明天我很晚下班,来不及去看那场电影了。

　　明天我很晚下班,赶不上那场电影了。

(8)你们来得及来不及参加我们的婚礼?

　　你们赶得上赶不上我们的婚礼。

(9)他还没来得及说一句话就死了。

　　※他还没赶上说一句话就死了。

(10)我来不及向他们道别了。

　　※我赶不上向他们道别了。

(11)今天的作业来得及做完吗?

　　※今天的作业赶得上做完吗?

(12)你们厂的产品质量赶得上赶不上国际水平?

　　※你们厂的产品质量来得及来不及国际水平?

"赶不上"还可以说"没赶上",表示过去"没赶上"。例如:

(13)他没赶上(来不及)过年就走了。

(14)他非常伤心,没赶上(来不及)见妈妈最后一面。

_____

用"来不及"还是"赶不上",并用"没来得及"或"没赶上"改写句子:

(1)我____ 14次车,所以改乘了另一班车。

(2)我____ 坐14次车,所以改乘了另一班车。

(3)昨天晚上加班,所以____回家吃饭了。

(4)没有时间了,这个问题今天____讨论了。

218

(5)老师＿＿讲完课就响铃了。

(6)B₁ 班的水平＿＿B₂ 班。

173."去工厂开车"和"开车去工厂"

[要点提示]不能说：

    ※他去学校骑自行车。(He goes to school by bike.)

汉语里,几个动词或动词短语(VP, verb phrase)可以连用：VP₁
+ VP₂ + VP₃ + ……。例如：

$$他\underset{VP_1}{\underline{骑自行车}}\ \underset{VP_2}{\underline{去学校}}\ \underset{VP_3}{\underline{上课}}。$$

这样的句子叫"连动句"(liándòngjù)。在连动句里,先说什么,后
说什么？几个 VP,哪个 VP 在前面,哪个 VP 在后面呢？

一、根据时间的先后顺序。如：站起来、开门、出去,从时间上
看,先后的顺序是：

$$\boxed{站起来} \rightarrow \boxed{开\ 门} \rightarrow \boxed{出\ 去}$$
$$\quad 1 \qquad\qquad 2 \qquad\qquad 3$$

所以,应该说：

他站起来开门出去。

$$VP_1 \rightarrow VP_2 \rightarrow VP_3$$

二、VP₁ 是方式(fāngshì means, manner)即,怎么做。

219

(1)他开车去工厂。（"去工厂"by means of "开车"）

(2)他用钢笔写字。

(3)他唱着歌走进来。

三、VP₂ 是目的(mùdì purpose)即，去干什么。

$$VP_1 \ + \ VP_2$$

目的

(4)他去工厂开车。（"去工厂"for the purpose of"开车"）

(5)他来中国学汉语。

(6)他买一束花儿送朋友。

比较(1)和(4)：

1. A：他怎么去工厂？

B：他开车去工厂。 （开车：方式）

4. A：他去工厂干什么？

B：他去工厂开车。 （开车：目的）

有时候，如果是三个 VP，可能 VP₁ 是方式，VP₃ 是目的。例如：

他骑车去电影院看电影。

VP₁ VP₂ VP₃

方式 目的

把下面的词语连起来，组成一个句子：

(1)他 买菜 站起来 出去

(2)他 送给女朋友 买一束鲜花 去花店

(3)我们 下午 参观工厂 去 坐汽车

(4)他 要 去小卖部 买瓶啤酒 喝

(5)他 走进教室 拿着一本书

(6)(公园里可以骑马) 这小孩子 想 去公园 骑马

(7)(那儿没有汽车,大家都骑马) 这小孩子 每天 去学校
骑马 上课

174."我不去南京路买东西",他去不去南京路?

[**要点提示**]不能说:

　　　　※我去南京路不买东西。

　　"我不去南京路买东西",他去不去南京路? 不知道。很难说。
比较:

　　　　(1)a.我不去南京路买东西,我去北京路买东西。

　　　　　　b.我不去南京路买东西,我去南京路看电影。
在(1)a 里,他不去南京路;在(1)b 里,他去南京路。

　　　　(1) a. 我不去南京路买东西

　　　　　　b. 我不去南京路买东西

同样,"我没去他家喝酒"也有两个意思:

　　　　(2) a. 我没去他家喝酒, (我去饭店喝酒了。)

　　　　　　b. 我没去他家喝酒, (我只去他家吃了一顿饭。)

即使是 b 的意思,我们也不能说成:

　　　　(1)b'※我去南京路不买东西。

　　　　(2)b'※我去他家没喝酒。

当然,如果是 b 的意思,有时候我们可以只说:

(1)b″我不去买东西。

(2)b″我没去喝酒。

或者,分成两个小句:

(1)b‴我明天去南京路,可是我不去买东西。

(2)b‴我昨天去了他家,可是我没喝酒。

把下面的句子改成否定句:

(1)我们明天去西安旅行。⇒

(2)我们坐汽车去参观一个工厂。⇒

(3)我昨天去商店买了一件毛衣。⇒

(4)我去西安旅行过。⇒

175."老师叫小王进去"是什么意思?

[**要点提示**]不能说:

　　　※老师问小王进去。

英语里有 ask somebody to do something. 如:The teacher asked Xiao Wang to go in. 汉语里说成:

老师　{请 叫 让 要}　小王　进去。

这里,"请"、"叫"、"让"、"要"几个词意思差不多。(当然,不完全一样。)但不能说"问",这跟英语不一样。

222

上面这样的句子叫"兼语句"(jiānyǔjù)。下面再看几句兼语句：

(1)我请我朋友在美国给我买一本英文语法书。

(2)医生让他好好儿休息两天。

(3)公司派我来中国工作。

(4)孩子不想吃饭时不要逼孩子吃。

176."把"字句表示什么意思？

[要点提示]大多数"把"字句表示某个确定的事物因为某个行为、动作而发生某种变化,受到某种影响,产生某种结果。

用了介词"把"的句子叫"把"字句。大多数"把"字句的意思是:某个确定的事物因为某个行为、动作而发生某种变化,受到某种影响,产生某种结果。例如:

(1)他们把狗打死了。

确定的事物:狗;行为:打;结果:死了

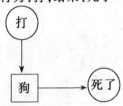

(2)他把书从包里拿出来。

确定的事物:书;行为:拿;结果:出来

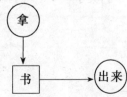

223

(3)他把衣服洗得干干净净。
确定的事物:衣服;行为:洗;结果:干干净净

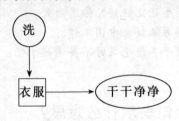

根据下面的图,说"把"字句:

(1)

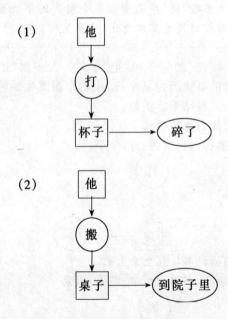

(2)

(3)

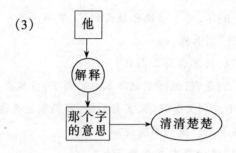

177. 为什么要用"把"字句？

[**要点提示**]通过下面三个方面的比较,可以说明为什么要用把字句。

比较:

　(1)他买到了那本书。

　(2)那本书(他)买到了。

　(3)他把那本书买到了。

上面三个句子都可以说,但重点不一样。我们常常把已经知道的东西放在前面先说,把新信息、重要的东西、要强调的东西放到句子后面去说。所以,(2)、(3)句跟(1)句的差别是,(2)和(3)都强调了结果:"买到了"。

但(2)和(3)也有不同的地方。(2)说的是"那本书"怎么样,如:

　(4)A:那本书他还想借吗?

225

B:不,那本书他已经买到了,不用借了。

(3)说的是"他"怎么样,如:

(5)A:他怎么那么高兴?

B:是啊,他终于把那本书买到了,当然高兴了。

如果一个动词又有宾语,又有补语,我们该怎么说呢? 如:放,那本书,在桌子上。我们不能说:

(6)[※]他放那本书在桌子上。

(7)[※]他放在桌子上那本书。

宾语和补语不能都放在动词的后面,这时,我们就把宾语拿到前面去:

(8)那本书(他)放在桌子上。

(9)他把那本书放在桌子上。

但(8)和(9)也有不同的地方,(8)说的是"那本书"怎么样,(9)说的是"他"怎么样。例如:

(10)A:那本书在哪儿?

B:那本书(他)放在桌子上,你没看见吗?

(11)他在书店买了一本书,一回家,就把那本书放在桌子上。

如果动词既有宾语又有补语,有时我们可以重复动词。例如:

(12)他说话说得很快。

但这与"把"字句不同,比较:

(13)他把那句话说得特别快。

(12)里的"话"是不确定的;如果是确定的某一句话,我们一般用"把"字句。

226

178."我把汽车吓了一跳"还是"汽车把我吓了一跳"?

[要点提示]不能说:

　　　　※我把汽车吓了一跳。

　　　　※我把这个电影感动得哭了。

　　　　※我把那几张漂亮的照片吸引住了。

　　如果你正站在马路边想问题,突然旁边开过来一辆汽车,你吃了一惊。这时你说"汽车把我吓了一跳"还是"我把汽车吓了一跳"? 当然应该说:

　　(1)汽车把我吓了一跳。

　　因为,是:汽车→吓→我,不是:我→吓→汽车。

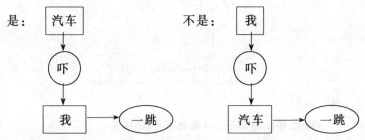

同样:

是:电影→感动→我　　　　不是:我→感动→电影

　　照片→吸引→我　　　　　　我→吸引→照片

应该说:

　　(2)这个电影把我感动得哭了。

　　(3)那几张漂亮的照片把我吸引住了。

227

179."他把杯子坏了"为什么不对?

[**要点提示**]不能说:

※ 他把杯子坏了。

※ 我们把他进医院。

※ 我把文章懂了。

"把"字句的意思是:某个确定的事物,因为某个行为动作而发生某种变化,受到某种影响,产生某种结果。所以,"把"字句里一定要有一个"行为动作"。可是:

(1)※他把杯子坏了。

(1)里只有结果"坏了",没有"行为动作"。

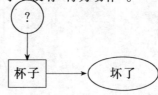

可以说:

他把杯子打坏了。/他把杯子碰坏了。

同样不能说:

(2)※我们把他进医院。

(3)※我把文章懂了。

应该说:

(2′)我们把他送进医院。/我们把他抬进医院。/我们把他扶进医院。

(3′)我把文章看懂了。/我把文章弄懂了。

228

> 把……+ 行为动作 + 结果

用恰当的动词填空:

(1)我把那些书都____掉了。

(2)他把我的照相机____走了。

(3)请你把那张报纸____给我。

(4)把那张桌子____到厨房里去吧。

(5)咱们把这幅画____在左边墙上吧。

(6)等我把信____完了就去吃饭。

180."他把杯子打"为什么不对?

[**要点提示**]不能说:

　　　　　※他把杯子打。

　　　　　※我要马上把这封信寄。

　　　　　※你应该先把这篇文章看,然后再做练习。

"把"字句的意思是:某个确定的事物,因为某个行为动作而发生某种变化,受到某种影响,产生某种结果。所以,在"把"字句里,不能只说一个动词,在动词后面还应该有一些别的词语,这些词语是句子的重点,表示"变化"、"影响"、"结果"。如果没有这些别的词语,只有一个动词,那么,这个"把"字句只说了"行为动作",没说"变化"、"影响"、"结果",那是不完整的。如:

(1)※他把杯子打。

可以说：

他把杯子打破了。/他把杯子打碎了。/他把杯子打坏了。/他把杯子打在了地上。

不能说：

(2)※我要马上把这封信寄。

可以说：

我要马上把这封信寄出去。/我要马上把这封信寄走。/我要马上把这封信寄到法国去。

不能说：

(3)※你应该先把这篇文章看,然后再做练习。

可以说：

你应该先把这篇文章看完,然后再做练习。

你应该先把这篇文章看懂,然后再做练习。

你应该先把这篇文章看一遍,然后再做练习。

把……+ 行为动作 + 结果

完成句子：

(1)别忘了把照相机带_____。

(2)我们把书搬_____。

(3)我要把房间布置_____,下午有客人要来。

(4)我把那些水果都送_____。

(5)请你把黑板擦_____。

(6)这些面包已经坏了,不能吃了,把它扔_____吧!

230

181."他把一本书买到了"为什么不对？

[**要点提示**]不能说：

　　※他把一本书买到了。

　　"把"字句的意思是，某个确定的事物，因为某个行为动作而发生某种变化，受到某种影响，产生某种结果。所以，"把"的宾语应该是确定的，双方都知道的事物。

　　我们可以说：

　　　　(1)他把书买到了。

　　　　(2)他把那本书买到了。

　　但不能说：

　　　　(3)※他把一本书买到了。

> 把 + 确定的事物 + ……

182."我把这本书看得懂"为什么不对？

[**要点提示**]不能说：

　　※我把这本书看得懂。

　　※我把这本书看不懂。

　　"把"字句里不能用可能补语。如：

　　　　(1)※我把这本书看得懂。

(2)※我把这本书看不懂。

"看得懂"、"看不懂"是说"能不能看懂",它说的是一种能力,一种可能性,不是一种实际的结果。"把"字句应该告诉别人实际的结果。所以我们应该说:

(3)我把这本书看懂了。

(4)我没把这本书看懂。

$$\times \quad 把 \cdots\cdots + 动词 + \frac{得}{不} + 可能补语$$

183."把饺子吃在食堂里"为什么不对?

[要点提示]不能说:

※我把饺子吃在食堂里。

※我把汉语学在北京大学。

请看下面的句子:

$$把 + 东西 + V 在 + 地方$$

(1)他　把　　书　　　放在　桌子上。

(2)他　把　　照片　　挂在　墙上。

(3)他　把　　名字　　写在　信封上。

(4)他　把　电话号码　记在　脑子里。

这些句子都可以分成两部分:

V 东西　　　　　+　　　东西"在"地方

(1)　　放 书　　　　+　　　书 在 桌子上

232

(2)　挂　照　片　　　　＋　　　　照片　在　墙上
(3)　写　名　字　　　　＋　　　　名字　在　信封上
(4)　记　电话号码　　　＋　　　电话号码 在 脑子里

这里，"V 东西"是原因（yuányīn cause），"东西在地方"是结果
（jiéguǒ result）。例如："他把书放在桌子上"，意思是说：

a.书原来不在桌子上

b.因为：他放书

c.所以，书现在在桌子上

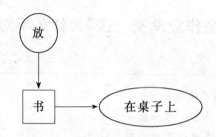

(1)—(4)都是这样：

原因	⇒	结果
(1)放书	⇒	书在桌子上
(2)挂照片	⇒	照片在墙上
(3)写名字	⇒	名字在信封上
(4)记电话号码	⇒	电话号码在脑子里

但是，比较下面两句话：

(5)把饺子吃在肚子里

(6)※把饺子吃在食堂里

(5)是对的，(6)是不对的。因为："吃饺子"是"饺子在肚子里"
的原因，但"吃饺子"不是"饺子在食堂里"的原因。

(5)吃饺子⇒饺子在肚子里　　　(6)吃饺子⇸饺子在食堂里

我们只能说：

(7)我在食堂里吃饺子。

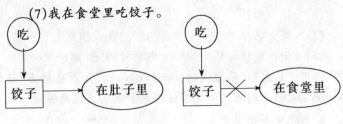

(8)我在北京大学学汉语。

184."我把作业没交上去"为什么不对?

[要点提示]不能说:

　　　　※我把作业没交上去。
　　　　※你把作业应该交上去。
　　　　※照相机被他昨天借走了。

一、在"把"字句、"被"字句中,否定词应该放在"把"、"被"的前面。

$$
\left.\begin{array}{c} 不 \\ 没 \\ 别 \end{array}\right\} + \begin{array}{c} 把 \\ 被 \end{array} + \cdots\cdots
$$

例如:

　　(1)我没把作业交上去。
　　(2)别把这件事告诉他。
　　(3)我因为跑得快,没被他们抓住。

二、在"把"字句、"被"字句中,时间词语应该放在"把"、"被"的

234

前面。

$$时间词语 + \genfrac{}{}{0pt}{}{把}{被} + \cdots\cdots$$

例如：

(4)妈妈已经把东西都准备好了。

(5)照相机昨天被他借走了。

(6)我马上就把礼物送过去。

三、在"把"字句、"被"字句中,能愿动词应该放在"把"、"被"的
前面。

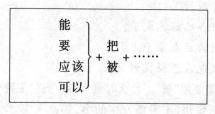

例如：

(7)你应该把作业交上去。

(8)我可以把书拿进去吗?

(9)这句话会被人误解的。

下面的句子中,有否定词、时间词语和能愿动词:

(10)你<u>昨天</u><u>不应该</u>把这件事告诉他,这是秘密。

组成句子:

(1)他把杂技票给我 + 没有 ⇒

(2)你把雨伞借给我 + 可不可以 ⇒

(3)照相机被他弄坏了 + 昨天 ⇒

(4)我把词典还给你 + 马上就 ⇒

(5)我把那本书看完了 + 已经 ⇒

185. "信被写好了"还是"信写好了"？

[**要点提示**]不能说：

      ※信被写好了。

      ※任务已经被完成了。

在口语里，"被"用得不多。我们只要说：

  (1)饭吃了吗？

  (2)信写好了。

  (3)任务已经完成了。

  (4)词典放在桌子上。

  (5)钱包我已经找到了。

这里都不需要用"被"。什么时候用"被"呢？主要有两种情况：

一、表示不愉快，不希望发生的事，如：

  (6)钱包被人偷走了。

  (7)信被他藏起来了，我怎么也找不到。

  (8)那个秘密被他发现了。

二、如果不用"被"，句子的意思就不太清楚。如：

  (9)小王被公司派到外国去工作。

    (※小王公司派到外国去工作。)

  (10)小王被小李打了。

  (11)他被大家选为工会主席。

这时候，"被"字句的主语常常是人，不是东西。

当然，我们有时会听到、看到这样的句子：

  (12)这本书已经被他译成了日语。

但这样的句子在口语里还是不多的。

186."让你马上去"、"让我想一想"和"让人偷走了"

[**要点提示**]"让"有多个意思。

比较下面三个句子：

(1)老师让你马上到他的办公室去一趟。

(2)请等一下,让我想一想。

(3)我的钱包让人给偷走了。

上面三个句子里的"让"意思不一样。

一、在(1)里,"让"是"支使"的意思,在这里也可以说"请"、"叫"、"要"。再看几个句子：

(4)我让他替我寄一封信。

(5)我朋友让我一起去看电影。

(6)他让我们等他一下。

二、在(2)里,"让"是"同意"的意思。例如：

(7)请你让我进去吧。

(8)让我看一下你的照片,好吗?

三、在(3)里,"让"是"被"的意思,也可以说"被"、"叫"、"给"。例如：

(9)自行车让我朋友骑走了。

(10)杯子让他给打碎了。

187. "书在桌子上"和"桌子上有一本书"

[**要点提示**] 不能说：

　　　　　※ 一本书在桌子上。

　　　　　※ 桌子上有那本书。

| 东西
人 ＋ "在" ＋ 地方 | 地方 ＋ "有" ＋ 东西
人 |

例如：

　　(1) 书在桌子上。

　　(2) 桌子上有一本书。

(1) ≠ (2)。我们看到，(1)的"书"前面没有"一本"，(2)的"书"前面有"一本"。比较：

"在"	"有"
√那本书在桌子上。	※桌子上有那本书。
※一本书在桌子上。	√桌子上有一本书。

　　所以，"书在桌子上"，这里的"书"是确定的（definite），是 the book；"桌子上有一本书"，"书"是不确定的（indefinite），是 a book。如果听话人已经知道是什么书，就用"在"字句，告诉他"书"在哪儿；如果听话人不知道有什么东西，就用"有"字句，告诉他有什么。比较下面的(3)和(4)、(5)和(6)：

　　(3) A：你找什么？

　　　　B：我找我的汉语课本，你看见过吗？

　　　　A：书在那边的桌子上。

　　　　（"书"＝"你的汉语课本"）

238

(4)A：桌子上有什么？

B：桌子上有一本书。

A：什么书？

B：汉语课本。

(5)A：你同屋在哪儿？

B：他在教室里。

(6)A：现在教室里有人吗？

B：有很多人。

A：都是谁？

B：我不认识。

188."桌上有一本书"和"桌上是一本书"

[要点提示]"桌上有一本书"和"桌上是一本书"不一样。

(1)桌上有一本书。

(2)桌上是一本书。

(1)和(2)都是对的,但意思有点儿不一样。

第一,(1)的意思很简单,就是 There is a book on the desk 的意思。(2)的意思比较复杂:a.桌子上有东西,b.这东西是一本书。所以,我们可以说:桌子上有东西。但不能说:※桌子上是东西。我们可以问:桌子上有东西吗？但不能问:※桌子上是东西吗？要说:桌子上是什么东西？

第二,(1)、(2)的否定式分别是:

(3)桌上没有书。

(4)桌上不是一本书。

说(3)的时候,桌上可能有别的东西,也可能什么也没有。但说(4)的时候,桌上一定有别的东西:

(5)桌上不是一本书,是一本词典。

第三,说"桌上有一本书",不一定只有一本书,我们可以说:

(6)桌上有一本书,还有一本词典。

但是,说"桌上是一本书",那么,桌上只有一本书。我们不能说:

(7)[※] 桌上是一本书,还是一本词典。

第四,"是"后面的宾语可以是确定(quèdìng definite)的,也可以是不确定的。但"有"的后面的宾语一般都是不确定的。所以:

(8)对面是<u>一个中学</u>。(不确定)

(9)对面是<u>鲁迅中学</u>。(确定)

(10)对面有<u>一个中学</u>。(不确定)

(11)[※] 对面有<u>鲁迅中学</u>。(确定)

(11)的"鲁迅中学"是一个中学的名字(proper name),不能作"有"的宾语。不过,我们可以说:

(12)对面有一个鲁迅中学。

有了"一个",句子就对了。还有,把几个名字放在一起说,句子也是对的,如:

(13)对面有鲁迅中学、中山公园、朝阳商场。

(14)坐在前面的有马新、田园和王沪生。

189.“书放在桌子上”和“桌子上放着一本书”

[要点提示]不能说：

　　　　※桌子上放在一本书。

　　　　※书放着桌子上。

　　　　※一本书放在桌子上。

　　　　※桌子上放着那本书。

东西 人 ＋V在＋地方

地方＋V着＋ 东西 人

例如：

　　（1）书放在桌子上。

　　（2）桌子上放着一本书。

　　（1）和（2）意思差不多，但不完全一样。（1）里，谈的是“那本书/这本书”怎么样；（2）里，谈的是“桌子上”怎么样。在（1）里，可以说“书”、“这本书”、“那本书”、“我的书”……但不可以说“一本书”、“两本书”……在（2）里，可以说“一本书”、“两本书”……但不可以说“这本书”、“那本书”、“我的书”……

　　再比较：

　　（3）书放在桌子上。

　　（4）书在桌子上。

　　（5）桌子上放着一本书。

　　（6）桌子上有一本书。

　　（3）和（4）、（5）和（6）意思差不多，但不完全一样。（4）、（6）只告诉我们“存在”，（3）、（5）还告诉我们具体的存在方式。例如：

　　（7）他在桌子旁边。

但是"在"的具体方式可以不一样：

> (8)他坐在桌子旁边。
>
> (9)他站在桌子旁边。
>
> (10)他躺在桌子旁边。

填写动词：

> (一)(1)床下＿＿＿着一双皮鞋。
>
> (2)门外＿＿＿着一辆汽车。
>
> (3)黑板上＿＿＿着许多字。
>
> (4)墙上＿＿＿着一幅画。
>
> (二)(5)他们都＿＿＿在教室外面,等老师来开门。
>
> (6)他病了,一直＿＿＿在床上。
>
> (7)我的书都＿＿＿在书架上。

190. "屋里坐着一个人"、"前面来了一个人",这时"一个人"为什么放在句子的最后面?

[**要点提示**]不能说：

> ※一个人屋里坐着。
>
> ※一个人前面来了。

在汉语里有这样一种句子：

$$地方 + 动词 + \begin{matrix} 了 \\ 着 \end{matrix} + 人/事物$$

这样的句子都表示存在、出现或消失的意思,叫"存现句"。

242

如,下面的句子都表示"存在",就是"某个地方有某人或某东西":

(1)屋里坐着一个人。

(2)汽车上站着许多人。

(3)小小的大厅里挤着几百个学生。

(4)床下放着一双鞋。

(5)外面停着一辆车。

(6)墙上挂着一幅画。

下面的句子都表示"出现":

(7)前面来了一个人。

(8)前面的饭店里走出一群年轻人。

(9)天上飞过去几只鸟。

(10)那边出了一个交通事故。

下面的句子都表示"消失":

(11)张家死了一个人。

(12)班里走了两个学生。

注意:

(一)这时候我们只说:一个人、许多人、几百个人、一双鞋……;不说:这个人、那个人、那些人、学生们……比较:

(13)汽车上站着许多人。

(14)那些人都在汽车上站着。

(13)告诉我们"汽车上"怎么样,重点是"许多人";(14)告诉我们"那些人"怎么样,重点是"站着"。

(二)这时候我们在句子前面一般不用"在"、"从"等介词。比较:

(15)屋里坐着一个人。

(16)前面来了一个人。

(17)他在屋里坐着。

(18)他从非洲来的。

(15)、(16)是"存现句",不用"在"、"从";(17)、(18)不是存现句,用了"在"、"从"。

　　有些外国朋友觉得奇怪:我们一般应该说:人—坐—,放—书,"人"好像是主动的,应该在动词前面;"书"好像是被动的,应该在动词后面,现在为什么都一样放在动词的后面了呢? 这是因为,现在,"人"、"书"都是存现的内容,这些句子都是"存现句"。在存现句里,"地方"要先说,"存现"的内容要后说。那么,这时候,放在句子最后面的"一个人"是主语还是宾语呢? 有人说是主语,有人说是宾语。这并不重要,重要的是,我们要记住"存现句"的格式:地方 + 动词 + 着/了 + 人/事物。

191."他比我睡觉睡得早"还是"他睡觉比我睡得早"?

[要点提示]不能说:
　　　　　※他比我睡觉得早。
　　　　　※他比我睡觉睡得早。

| 动词 + 宾语 + 动词 + 得 + 补语 |

睡　　觉　　睡　　得　　早
唱　　歌　　唱　　得　　好
写　　汉字　写　　得　　清楚

　　在"比"字句里,"比 y"不能放在"动词·宾语……"的前面,"比 y"可以放在"动词·得·补语"前面,或者"补语"的前面。

动词·宾语 + 比 y + 动词 + 得 + 补语 = 动词 + 宾语 + 动词 + 得 + 比 y + 补语

244

睡 觉 比 我 睡 得 早　　　睡 觉 睡 得 比 我早
唱 歌 比 我 唱 得 好　　　唱 歌 唱 得 比 我好
写 汉字比 我 写 得 清楚　　写 汉字 写 得 比 我清楚

造"比"字句：

(1)他起床起得晚 + 比我⇒_____。

(2)他吃饭吃得多 + 比我⇒_____。

(3)他爬山爬得高 + 比我⇒_____。

(4)他踢球踢得好得多 + 比我⇒_____。

192."睡得早三个小时"还是"早睡三个小时"?

[要点提示]不能说：

　　　　※他比我睡得早三个小时。

　　　　※他三个小时比我睡得早。

我们可以说：

　　　他比我高⇒他比我高三厘米

但是不能说：

　　　他比我睡得早⇒※他比我睡得早三个小时。

只能说：

　　　他比我早睡三个小时。

"早、晚、多、少"有的时候可以放在动词前面,这时动词后面有数量：

| 动词·得·早/晚/多/少 | 早/晚/多/少 + 动词 + 数量 |

睡 得 早		早	睡	三个小时
来 得 晚		晚	来	三天
写 得 多		多	写	两篇
喝 得 少		少	喝	一瓶

例如:

 (1)他九点钟就睡觉了,我十二点才睡,他比我早睡三个
   小时。

 (2)昨天晚上我喝了三瓶啤酒,他喝了四瓶,我比他少喝
   一瓶。

 (3)他九月一号到北京,我九月三号到北京,我比他晚到
   两天。

不过,在会话中"早/晚/多/少+动词+数量"里的动词也可以
不说。例如:

 (4)A:你们俩谁睡得早?

   B:他早。他比我早三个小时。

完成句子:

 (1)他六点钟起床,我七点半起床,他比我_____。

 (2)他三号来的,我二号来的,他比我_____。

 (3)我学了一年,他学了一年半,他比我_____。

 (4)我做了两个练习,他做了三个练习,我比他_____。

193."哥哥比弟弟一点儿高"还是"哥哥比弟弟高一点儿"?

[要点提示]不能说:

※哥哥比弟弟一点儿高。

※哥哥比弟弟有点儿高。

我们不能说：

$$※ x 比 y \begin{cases} 一点儿 \\ 一些 \\ 有点儿 \end{cases} + 形容词$$

我们应该说：

> x 比 y + 形容词 + 一点儿

例如：

(1)哥哥比弟弟
高一点儿。

(2)今天比昨天
热一点儿。

(3)妹妹比姐姐漂
亮一点儿。

(4)我跑得比他
快一点儿。

上面的"一点儿"
也可以说"一些"。例
如：

(5)哥哥比弟弟高一些。

图 8

看下面的表,造"比"字句：

(1)今天比昨天_____。昨天比今天_____。

(2)弟弟比哥哥_____。哥哥比弟弟_____。

(3)我比他_____。他比我_____。

247

今天：	6℃	昨天：	7℃
弟弟：	70公斤	哥哥：	68公斤
我：	6:30起床	他：	7:00起床
我们班：	10个学生	他们班：	13个学生

(4)我们班的学生比他们班_____。

他们班的学生比我们班_____。

194."哥哥比弟弟还高",弟弟高不高?

[要点提示]"哥哥比弟弟还高",意思是:弟弟很高,哥哥更高。

图9

"哥哥比弟弟还高"的意思是:(a)弟弟很高,(b)哥哥更高。

> x 比 y 更/还 + Adj/v……

意思是:(a)y 很 Adj/v (b)x 更 Adj/v

例如:

(1)姐姐很漂亮,妹妹比姐姐还漂亮。

(2)昨天非常热,今天比昨天更热。

(3)他十分喜欢踢足球,我比他更喜欢踢足球。

(4)他跑得很快,我跑得比他还快。

看下面的表,造"比"字句:

今天:	- 14℃	昨天:	- 13℃
弟弟:	200公斤	哥哥:	180公斤
我:	4:00 起床	他:	4:30 起床
我们班:	40个学生	他们班:	50个学生

(1)今天比昨天_____。

(2)弟弟比哥哥_____。

(3)我比他_____。

(4)他们班的学生比我们班_____。

195."哥哥比弟弟很高"还是"哥哥比弟弟高得多"?

[要点提示]不能说:

※哥哥比弟弟很高。

※我跑得比他非常快。

我们不能说:

$$
※ \quad x \text{ 比 } y \left\{ \begin{array}{l} 很 \\ 非常 \\ 十分 \end{array} \right\} + 形容词
$$

我们应该说:

$$
x \text{ 比 } y \cdots\cdots + 形容词 + \left\{ \begin{array}{l} 多了 \\ 得多 \end{array} \right.
$$

图 10

例如:

(1)哥哥比弟弟高多了。(=哥哥比弟弟高得多。)

(2)昨天不太热,今天很热,今天比昨天热多了。

(3)姐姐不太漂亮,妹妹比姐姐漂亮多了。

250

(4)他跑得太慢了,我虽然跑得不是最快,不过,我跑得比他快多了。

现在请你想一想:"多多了/多得多"、"少多了/少得多"是什么意思?

_____

看右面的表,造"比"字句:

(1)今天比昨天_____。
　　昨天比今天_____。
(2)弟弟比哥哥_____。
　　哥哥比弟弟_____。
(3)我比他_____。
　　他比我_____。

今天:	-14℃	昨天:	-3℃
弟弟:	200公斤	哥哥:	60公斤
我:	4:00起床	他:	7:30起床
我们班:	10个学生	他们班:	50个学生

(4)我们班的学生比他们班_____。
　　他们班的学生比我们班_____。

196."今天有昨天这么热吗"还是"今天有昨天那么热吗"?

_____

[要点提示]"这么"表示近指,"那么"表示远指。

_____

"a$\left\{\begin{matrix}有\\没有\end{matrix}\right\}$b 这么/那么……"表示比较。"这么"是近指,"那么"是远指。如果 b 指的人或东西离说话人比较近,离说话的时候比较近,就用"这么";如果 b 指的人或东西离说话人比较远,离说话的时候比较远,就用"那么"。比较:

(1)a.今天有昨天那么热吗?

251

b.昨天有今天这么热吗?
(2)a.北京有东京那么热闹吗?(说话人在北京)
b.东京有北京这么热闹吗?
(3)a.你有他那么高吗?　　("你"离说话人近,"他"离
b.他有你这么高吗?　　说话人远。)

用"这么"或"那么"填空:

(1)明天不会有今天____冷。

(2)我们学校没有他们学校____大。

(3)我家没有你家____干净、漂亮。(现在在"你家")

(4)我家没有你家____干净、漂亮。(现在不在"你家")

197."不比你高"和"没有你高"

[要点提示]不能说:
　　※我比你不高。

不能说"我比你不高",应该说"我没有你高"、"我不比你高"。

"我不比你高"和"我没有你高"不一样。

我不比你高 = 我跟你差不多

我没有你高 = 我比你矮

请看下面的例子:

(1)A:我不能参加篮球比赛,我个子太矮,你去参加吧。

B:那不行。我不比你高。

这里,(B)的意思是:你以为我比你高,可是,你错了。我们俩差不多,都比较矮。

252

比较(1)和(2)：

    (2)A：我一米七八，你多高？

        B：我一米七五，我没有你高。

这里，(B)的意思是：你比我高，我比你矮。

再比较一下(3)和(4)：

    (3)A：这件衣服太大。

        B：那件也挺大。那件不比这件小。

    (4)A：这件衣服太大。

        B：那件小一点儿。那件没有这件大。

(3)里 B 的意思是：两件都太大。(4)里 B 的意思是：那件比这件小。

(一)想一想下面对话的意思：

A：(在商店)有没有青岛啤酒？

B：没有青岛啤酒，只有上海啤酒。

A：我不要上海啤酒，上海啤酒没有青岛啤酒好。

B：不，你没喝过上海啤酒吧？上海啤酒不比青岛啤酒差。不信你买一瓶回去尝尝。

(二)问：

(1)"上海啤酒没有青岛啤酒好"是什么意思？

    A．上海啤酒比青岛啤酒好 B．青岛啤酒比上海啤酒好

    C．两种啤酒都好   D．两种啤酒都差

(2)"上海啤酒不比青岛啤酒差"是什么意思？

    A．上海啤酒比青岛啤酒好 B．青岛啤酒比上海啤酒好

    C．两种啤酒都好   D．两种啤酒都差

198."我不是说过吗",他说过没有?

[要点提示]"不是……吗"常常是反问句。

请看下面的对话:

(1)学生:老师,这个字是什么意思?

老师:我昨天不是说过吗?

学生:对不起,我昨天没听懂。

这里老师说:"我昨天不是说过吗",这里的意思是:我昨天已经说过了,所以你应该知道。"不是……吗"是一种反问句。有没有"不是……吗"意思差不多。

我不是说过吗 = 我说过

当然,有没有"不是……吗"语气是不一样的。再看几个例子:

(2)——我的眼镜呢?

——这不是吗?

(它就在这儿,你不应该没看见。)

(3)——我们队比你们队水平高。

——不一定吧。上一次不是我们队赢了你们吗?

(上一次我们赢了,你应该知道这件事。)

(4)——今天晚上的舞会我不去参加了。

——为什么? 你不是喜欢跳舞吗?

(我知道你喜欢跳舞,所以,你不去参加舞会,我感到很奇怪。)

199."急什么"是什么意思？

[要点提示]"……什么"可以表示"别……"或"不……"的意思。

看下面两个对话：

 (1)——快走吧，再不走就要迟到了。

  ——急什么，还早着呢！

 (2)——这件事很急吧？

  ——急什么，一点儿也不急。

在(1)里，"急什么"＝别急。在(2)里，"急什么"＝不急。

下面的"……什么"都是"别……"的意思：

 (3)快起床吧，都八点多了，还睡什么觉！

 (4)——你在干什么？

  ——我在看书。

  ——星期天，看什么书，出去玩吧。

 (5)(妈妈对孩子)

  哭什么，快别哭了，把眼泪擦干。

下面的"……什么"都是"不……"的意思(或"没……")

 (6)——昨天的电影挺好看吧？

  ——好看什么呀，我看了一半就出来了。

 (7)——这台电视机质量不错。

  ——不错什么呀，已经修过三次了。

 (8)——咱们去跳舞吧。

  ——跳舞有什么意思，我对跳舞没兴趣。

 (9)他是个小孩子，他懂什么？

 (10)——他怎么没来？

  ——我请了他两次，他不肯来，我有什么办法？

200. "我怎么知道",他知道不知道?

[**要点提示**]"怎么……"有时是反问句。

看下面的对话:

(1)——你同屋呢?

——我怎么知道?

这里,"我怎么知道"=我不知道。

这样的句子叫反问句。"怎么"可以用在反问句里。在反问句里:

> 怎么 V = 当然不 V
>
> 怎么不 V = 当然 V

例如:

(2)——明天可能会下雨。

——怎么会呢?(=肯定不会)

(3)——明天我看不会下雨。

——怎么不会?(=很可能会)

(4)——我现在可以出去一下吗?

——现在上课,怎么可以出去?(=当然不可以)

(5)——我现在可以出去一下吗?

——怎么不可以?(=当然可以)

注意,"我怎么知道"的意思是"我不知道",但这两句话的语气是不一样的。如果老师问一个学生:"你的同屋今天为什么没来上课?"这个学生回答说:"我怎么知道?"这就不好了。在同学、朋友之间可以这样说,但如果用这话来回答老师,就太不客气了。

256

201. "买了一件毛衣和一本词典"和"买了一件毛衣,还买了一本词典"

[要点提示]不能说:

> ※我昨天买了一件毛衣,和买了一本词典。
>
> ※我们唱了歌,和跳了舞。
>
> ※他来了,和她也来了。
>
> ※房间很大,和很干净。

比较下面四句,(1) = (2) = (3),但不能说(4):

(1)我买了一件毛衣和一本词典。

(2)我买了一件毛衣,买了一本词典。

(3)我买了一件毛衣,还买了一本词典。

(4)※我买了一件毛衣,和买了一本词典。

"和"只能用在名词和名词之间:

> 名词 + 和 + 名词

在作谓语的动词、形容词中间,一般不能用"和"。在小句和小句之间,更不能用"和"。请看下面几句:

(5)我们唱了歌,(还)跳了舞。

(6)他来了,她也来了。

(7)房间很大,也很干净。

这些句子里都不能用"和"。

改正下面的句子:

(1)※明天我要工作,和晚上要去看朋友。

(2)※这件衣服很便宜,和很漂亮。

(3)※他是我朋友,和也是我老师。

(4)※我会说英语,和说法语。

(5)※我去过北京,和去过上海。

202."还学过日语"和"也学过日语"

[**要点提示**]"还"表示"补充","也"表示"相同"。

"还"表示"补充","也"表示"相同"。看下面的例句:

    (1)a.我买了很多东西,还看了一场电影。

      b.我买了很多东西,他也买了很多东西。

    (2)a.我们唱了歌,还跳了舞。

      b.我们唱了歌,他们也唱了歌。

    (3)a.他学过英语,还学过日语。

      b.他学过英语,我也学过英语。

不过,有时候,用"也"和"还"都可以,如上面的(3)a:

    (3)a′他学过英语,还学过日语。

    (3)a′他学过英语,也学过日语。

但意思有点儿不一样,前一句的意思是说:

    他不但学过英语,而且学过日语。(not only...but also...)

后一句的意思是:

    他英语和日语都学过。(both...and...)

258

下面句中应该用"还"还是"也"?

(1)他送给我一些苹果,＿＿＿送给我一个西瓜。

(2)小李送给我一些苹果,小张＿＿＿送给我一些苹果。

203."或者"和"还是"

[**要点提示**]"还是"作连词时跟"或者"一样,都可以表示选择。"或者"只用在陈述句中,"还是"用在疑问句中。

"还是"作连词时跟"或者"一样,都可以表示选择关系,都可以用在"无论"、"不论"、"不管"的后面,表示包括所有的情况。例如:

(1)无论刮风或者(还是)下雨,旅行的计划不变。

(2)不管你同意还是(或者)不同意,我都要去。

但是"或者"只用在陈述句中表示选择,"还是"用在疑问句中表示选择。例如:

(1)A:你喝茶还是喝咖啡?

B:茶或者咖啡都可以。

(2)A:你星期六还是星期天去北京?

B:星期六或者星期天去都可以。

(3)教你们口语课的是王老师还是(※或者)张老师?

(4)我想买点儿苹果或者(※还是)橘子。

"还是"用在陈述句中表示选择的结果不能确定,在句子中作宾语。一般的句式是:[是]A还是B、[还是]A还是B。例如:

(5)我不知道他到底[是]去北京还是去西安。

(6)我不清楚这个字[还是]读"jīn"还是读"jìng"。

(7)我想买台电视机,[是]买进口的还是买国产的,现在还没决定。

例句(5)(6)(7)都不可以用"或者"。

下面的句子用"还是"对不对?

(1)冬天我喜欢滑雪还是溜冰。

(2)你喜欢滑雪还是溜冰?

(3)我想去北京还是西安,现在还没决定。

(4)他觉得冬天还是夏天都不好。

(5)不管朝南还是朝北的房间都是一样的价钱。

204."去苏州还是去杭州"和"咱们还是去苏州吧"

[要点提示]"还是"有两个意思。

比较:

(1)你去苏州还是去杭州?

(2)咱们还是去苏州吧。

(1)和(2)里的"还是"意思不一样。(1)是一个问题,"还是"表示选择。但是,(2)不是问题。(2)的"还是"表示:对几件事、几样东西、几个人进行比较,最后作出决定,选择其中的一个。例如:

(3)——坐飞机去还是坐火车去?

——我看还是坐飞机吧,坐飞机快一点儿。

(4)营业员:我们商店有各种颜色的毛衣,有红的,有黄

260

的,有蓝的……。您要什么颜色的?

顾客:(想了一下)我还是买一件黄的吧。

(5)——公司打算派一个人去法国工作,小王和小张都很
不错,派谁去呢?

——还是派小王去吧。小王的法语比小张好。

205.“不但他想去,也我想去”对不对?

[**要点提示**]不能说:

　　※不但他想去,也我想去。

　　※不但他想去,我而且想去。

下面这些词不可以放在主语的前面,它们都是副词:

　　就、才、却、都、也、又、还、越……

例如:

(1)a.不但他想去,我也想去。

　　b.※不但他想去,也我想去。

(2)a.虽然他很努力,成绩却不太好。

　　b.※虽然他很努力,却成绩不太好。

(3)a.他请我去,我就去。

　　b.※他请我去,就我去。

(4)a.人越多,晚会越热闹。

　　b.※越人多,越晚会热闹。

但是下面这些词必须放在主语前面,它们都是连词:

　　所以　而且　但是　那么……

例如:

(5)不但他想去,而且我也想去。

(6)虽然他很努力,但是成绩却不太好。

(7)如果他请我去,那么我就去。

从上面的句子我们可以看到:

$$
\cdots\cdots\begin{array}{c}\text{而且}\\\text{但是}\\\text{那么}\end{array} + \text{主语} + \begin{array}{c}\text{也}\\\text{却}\\\text{就}\end{array}\cdots\cdots
$$

当然,用了"也、却、就……","而且、但是、那么……"可以不用。

把括号里的词放在合适的地方:

(1)只有努力学习,A 你 B 能取得好成绩。(才)

(2)要是明天下雨,A 我 B 不去了。(就)

(3)不管唱歌还是跳舞,A 他 B 喜欢。(都)

(4)我很想回家,A 老师 B 不同意。(但是)

(5)我在日本住过半年,A 我 B 会说一点儿日语。(所以)

(6)我以为他上午会来的,A 他 B 没来。(可,却)

(7)既然你身体不舒服,A 你 B 回去休息吧。(那么,就)

206."我虽然想去"和"虽然我想去"

[**要点提示**]有的时候说"我虽然想去"比较合适,有的时候说"虽然我想去"比较合适。

(1)我虽然想去,可是没有时间。

(2)虽然我想去,可是没有时间。

(3)我虽然想去,可是他不同意。

(4)虽然我想去,可是他不同意。

(1)、(2)、(3)、(4)都对,但是(1)和(4)比较好。"虽然"、"如果"、"因为"等词放在主语前还是主语后,要看两个小句(clause)的主语一样不一样。

一、如果两个小句主语是一样的,我们一般只要说一个主语,第二个小句的主语就不再说了。这时,"虽然、如果、因为……"放在主语的后面。

(5) 我想去 + 我没有时间　　　　(主语$_1$ = 主语$_2$)

　　⇒我想去,没有时间　　　　　　(不要"主语$_2$")

　　⇒我虽然想去,可是没有时间。(主语$_1$ + 虽然 + ……)

二、如果两个小句主语不一样,那么,"虽然、如果、因为……"放在主语的前面。

(6) 我想去 + 他不同意　　　　　(主语$_1 \neq$ 主语$_2$)

　　⇒我想去,他不同意

　　⇒虽然我想去,可是他不同意。(虽然 + 主语$_1$ + ……)

比较下面(7)a 和(7)b,(8)a 和(8)b,(9)a 和(9)b:

(7)a.我如果明天有空,就去你家玩。

　　b.如果你明天有空,我就去你家玩。

(8)a.他因为身体不好,所以不能来了。

　　b.因为他爱人身体不好,所以他不能来了。

(9)a.他不但去了苏州,还去了杭州。

　　b.不但他去了苏州,我也去了苏州。

207."只要……就……"和"只有……才……"

[要点提示]"只要……就……"和"只有……才……"意思不一样。

A.只要 a,就 b。

B.只有 a,才 b。

在上面两个格式里,a 都是条件,b 都是结果,但意思有点儿不一样。"只要 a,就 b"的意思是:如果有条件 a,那么就一定会有结果 b。"只有 a,才 b"的意思是:一定要有条件 a,才会有结果 b。

请看下面两句话,这两句话你同意吗?

(1)只要是中国人,就会说中国话。

(2)只有是中国人,才会说中国话。

(1)的意思是:如果他是一个中国人,那么他一定会说中国话。这一般来说是对的。(2)的意思是:他必须是中国人,才会说中国话。这话说错了,因为有的外国人也会说中国话。

用"只要 a,就 b"时,我们要强调的是:条件 a 已经够了,不需要别的条件。如:

(3)(孩子感冒了,妈妈让孩子吃药)

孩子:吃了药以后,还要打针吗?

妈妈:不需要打针。只要吃了药,感冒就会好的。

用"只有 a,才 b"时,我们要强调的是:一定要有条件 a,别的条件都不行。如:

(4)(孩子感冒了,妈妈让孩子吃药)

孩子:我不吃药,我想吃糖,好吗?

妈妈:吃了糖感冒不会好。只有吃了药,感冒才会好。

下面再看两个例子,请自己比较一下:

(5)A：这个图书馆外国留学生可以进去吗？

B：不管是中国学生还是外国学生，只要有借书证，就可以进去。

A：我今天忘了带借书证。

B：那就不能进去。

A：可是我有学生证。

B：那也不行。只有带了借书证，才可以进去。

用"只有……才……"或"只要……就……"填空：

(1)——咱们一块儿去吧？

——不用不用，这点小事，____你一个人去____行了。

(2)这件事太麻烦了，我们办不了。____他去____行。他比我们能干。

(3)——这个菜怎么做？

——很简单，____放在开水里煮一下____可以吃了。

(4)——这个菜可以生吃吗？

——不能生吃，____煮熟了____能吃。

208."不是……而是……"和"不是……就是……"

[要点提示]"不是……而是……"和"不是……就是……"意思完全不一样。

比较：

(1)他不是法国人，而是德国人。

265

"他"是哪国人？他是德国人。

(2)他不是法国人,就是德国人。

"他"是哪国人？他可能是法国人,也可能是德国人。他是法国人或者德国人。所以:

(3)他不是法国人,而是德国人。

= 他不是法国人,是德国人。

= 他是德国人,不是法国人。

(4)他不是法国人,就是德国人。

= 他是法国人或者德国人。

= 他或者是法国人,或者是德国人。

= 他可能是法国人,也可能是德国人。

下面再看几个例子:

一、不是……而是……

(5)A:听说你下个月打算去苏州?

B:不,我不是打算去苏州,而是打算去杭州。

(6)A:他怎么了？一句话也不说,是身体不好吗?

B:不,不是身体不好,而是心情不好。

(7)A:刚才天气预报说明天要下雨?

B:不,不是要下雨,而是要下雪!

二、不是……就是……

(8)A:下个月你去哪儿旅行?

B:还没定。不是去苏州就是去杭州,别的地方肯定不去。

(9)A:他怎么了,为什么一句话也不说?

B:不太清楚。我想,不是身体不好,就是心情不好吧。

(10)A:你喜欢这儿的春天吗?

B:不喜欢。不是刮风就是下雨,没有好天气。

266

用"不是……(而)是……"或"不是……就是……"填空：

(1)学生：我太笨了，所以学不好。

　　老师：不，你＿＿＿太笨，＿＿＿不努力。如果你努力一点，肯定能学好。

(2)他每天就知道玩儿，＿＿＿去打球＿＿＿去唱歌跳舞，从来不看书。

(3)——他去哪儿了？

　　——＿＿＿教室＿＿＿图书馆，他肯定在那两个地方。

(4)——你怎么喜欢干这种事？

　　——＿＿＿我喜欢干，＿＿＿他们一定要我干，我也没办法，只好干吧。

209."如果……就……"和"即使……也……"

[要点提示]"如果……就……"和"即使……也……"意思不一样。

A.如果 a，就 b。

B.即使 a，也 b。

在(A)和(B)里，a 都是假设，b 都是结果。但是，在(A)里，a 和 b 没有转折关系；在(B)里，a 和 b 有转折关系(转折 zhuǎnzhé transition)。比较(1)和(2)：

(1)如果不下雨，我们就骑车去；如果下雨，我们就坐车去。

可是，如果有一个人一定要骑车去，他觉得下雨不下雨都没关

系,他会说:

(2)即使下雨,我也要骑车去。

下面再看几个例子:

一、如果……就……

(3)如果东西很贵,我就不买了,如果东西不贵,我就买一些。

(4)如果他请我去,我就去;如果他不请我,我就不去了。

(5)如果他有空,他就一定会来的;如果他很忙,他就不一定来了。

二、即使……也……

(6)即使东西很贵,我也一定要买。

(7)即使东西不贵,我也不买。

(8)即使他请我去,我也不会去。

(9)即使他不请我去,我也一定要去。

(10)即使他有空,他也不会来的。

(11)即使他再忙,他也一定会来的。

用"如果……就……"或"即使……也……"填空:

(1)_____困难很多,我们_____完不成这个任务了。

(2)_____困难再多,我们_____一定要完成这个任务。

(3)_____没有你的帮助,我_____不可能有这么大的进步。

(4)这种事情,_____你去找他们的领导,恐怕_____不会解决问题。

(5)这点小事,_____你去找一下领导,肯定_____会给你解决的。

210."既然"和"因为"

[要点提示]不能说:

　　※他既然不舒服,就回去休息了。

　　※你因为不舒服,所以回去休息吧。

　　※因为他肯把秘密告诉我,所以他相信我。

比较:

　　(1)——老师,我身体不舒服,可以回去休息吗?

　　　　——你既然身体不舒服,就回去休息吧。

　　(2)——马丁怎么回去了?

　　　　——他因为身体不舒服,所以回去休息了。

"既然 a,那/就 b"里,a 是一个事实,这个事实往往是说话人、听话人都知道的,b 是从 a 得出的推论(tuīlùn inference)。重点在 b。再如:

　　(3)你既然来了,就在这儿多住几天吧。

　　(4)他既然在中国呆了五年了,那么他的汉语一定很好吧。

　　(5)既然你觉得这个地方不好,那为什么不换一个地方呢?

"因为 a,所以 b"里,a 表示原因,b 表示结果或结论。如:

　　(6)他因为要跟很多老朋友见面,所以决定在这儿多住几天。

　　(7)他因为在中国呆过五年,所以汉语说得很好。

　　(8)因为觉得这个地方不好,所以他换了一个地方。

最后,请比较一下(9)和(10)。在(9)和(10)里,a 和 b 的顺序正好相反。

(9)因为他相信我,所以他肯把秘密告诉我。

(10)既然他肯把秘密告诉我,那就说明他相信我。

选择"既然"或"因为"填空:

(1)＿＿你有事,那你就先走吧。

(2)他＿＿有事,所以先走了。

(3)你＿＿在那儿住了五年,那么你对那儿一定很熟悉吧?

(4)我对那儿不太熟悉,＿＿我在那儿只住了一个月。

211."因为"和"由于"

[要点提示]"因为"和"由于"的关联词不完全相同。"由于"只能用在前一个分句,多用于书面语。

"因为"和"由于"都可以跟"所以"组成复句,说明原因和理由。都可以用在前一个分句中。例如:

(1)因为时间的关系,会议不能再开下去了。

(2)由于时间的关系,会议不能再开下去了。

"因为"和"由于"的差别主要是:

一、关联词不完全相同。"由于"还可以跟"因而"、"因此"、"以致"配合使用;"因为"不可以。例如:

(3)由于受台风的影响,因而今明两天将有暴雨。

(4)因为受台风的影响,所以今明两天将有暴雨。

二、"因为"也可以用在后一分句中,"由于"只用在前一个分句中。例如：

(5)小王今天不能来了,因为(※由于)他病了。

(6)这几天我非常忙,因为(※由于)我正在准备考试。

三、"因为"常用于口语,"由于"多用于书面语。

212."因为"和"为了"

[要点提示]"因为"和"所以"组成一个复句,表示因果关系。"为了"表示行为的目的。

"因为"表示原因和理由,后面常用关联词"所以"。"因为"一般在前一分句,有时也可以在后一分句。"因为"也可以构成介宾词组作句子的成分。"为了"表示动作行为的目的,一般构成介宾词组作句子成分。试比较:

(1)a.因为北京大学是中国有名的大学,所以我打算去那儿学习。

　　b.为了学习汉语,我打算去北京大学。

(2)a.因为我晚上有事,很抱歉,不能参加你的生日晚会。

　　b.为了参加马丁的生日晚会,我不得不改变了原来的计划。

(3)a.今天晚上我一定要复习课文,因为明天考试。

　　b.为了准备明天的考试,今天晚上我必须好好复习。

213. "不管"、"尽管"和"只管"

[**要点提示**] 不能说:

　　　　　※不管下这么大的雨,他还是来了。

　　　　　※尽管雨下得多么大,他还是来了。

　　一、作为连词,"不管"和"无论"差不多,前边一个句子用"不管",后边一个句子要用"都/也": 不管……都/也…… 。"不管"后面的词语有下面的特点:

　　(一)有疑问词"什么"、"谁"、"怎么"等等。例如:

　　　　(1)不管我说什么,他都不相信。

　　　　(2)不管我怎么修,那机器总也修不好。

　　(二)有"多么"。例如:

　　　　(3)不管雨下得多么大,他也一定会来的。

　　(三)用 V 不 V,Adj 不 Adj。例如:

　　　　(4)不管来不来,你都要告诉我一下儿。

　　　　(5)不管他的话对不对,你都应该让他说完。

　　(四)用"……还是……"。例如:

　　　　(6)这件事不管对你还是对我,都是很重要的。

　　二、作为连词,"尽管"和"虽然"差不多,后面的句子用"但是"、"可是"等: 尽管……但是/可是…… 。"尽管"后面的词语,没有疑问词"什么"、"谁"……没有"多么",也不能用"V 不 V"、"Adj 不 Adj"、"……还是……"。比较:

　　　　(7)不管雨下得多么大,他也一定会来的。

　　　　(8)尽管雨下得这么大,但是他还是来了。

　　　　(9)不管他的话对不对,你都应该让他说完。

272

(10)尽管他的话不对,可是你应该让他说完。

"尽管"还有一个意思,表示"没有关系,可以放心去做",它是一个副词。这时也可以说成"只管"。

尽管 1 = 虽然(连词)

尽管 2 = 只管(副词)

例如:

(1)如果你要我帮忙的话,尽管/只管说吧,别不好意思。

(2)这几本词典都是我的,你尽管/只管用。

_____

用"不管"或"尽管"填空:

(1)_____前一天晚上睡得多晚,他早上总是六点钟准时起床。

(2)_____前一天晚上睡得很晚,他早上六点钟还是准时起床了。

(3)_____前一天晚上什么时候睡,他早上六点钟一定准时起床。

(4)_____困难很大,但是他们最后还是完成了任务。

(5)_____困难有多大,你们也一定要完成任务。

(6)_____天热还是天冷,他都穿着一件毛衣。

214."他一叫就来",谁叫谁? 谁就来?

_____

[要点提示]"他一叫就来"有两个意思。

_____

先看下面四组句子:

一、(1)他一感冒就发烧。(他感冒,他发烧)

(2)他一说话就脸红。(他说话,他脸红)

(3)他一看就明白了。(他看,他明白了)

二、(4)这书一看就懂。([　]看这书,[　]懂)

(5)这种词典一印出来就卖完了([　]印词典,[　]卖词典)

(6)你的话一听就明白。([　]听你的话,[　]明白你的话)

三、(7)这辆自行车一骑就坏。([　]骑这辆自行车,这辆自行车坏)

(8)这门一推就开。([　]推门,门开)

(9)这种药一吃就见效。([　]吃药,药见效)

四、(10)我一骑就坏了。(我骑[　],[　]坏了)

(11)我一推就开了。(我推[　],[　]开了)

(12)我一吃就见效。(我吃[　],[　]见效)

所以,"他一叫就来"有两种意思:

A. 他叫[　],[　]来 (属于上面的第(四)种),如:

(13)我叫你不来,他一叫就来。

(我叫你,你不来,他叫你,你来。)

B. [　]叫他,他来(属于上面的第(三)种)

(14)他一叫就来,所以大家都很喜欢他。

(某人叫他,他就来)

再看这个例子:

(15)她朋友很伤心,不停地哭,她怎么劝也不听。

(她劝她朋友,她朋友不听)

(16)我们都没办法。她怎么劝也不听,不停地哭。

(我们劝她,她不听)

274

215."下雨不去"是什么意思?

[要点提示]"如果下雨,我就不去"在口语里有时说成"下雨不去"。

请看下面的对话:

(1)A:明天我们去公园玩,你去不去?

B:不下雨就去,下雨不去。

这里,"不下雨就去,下雨不去"="如果不下雨,我就去;如果下雨,我就不去。"在口语里,"如果……就……"常常可以不说,这是一种"省略"(shěnglüè omit, ellipsis)。

(2)A:这张照片真漂亮!

B:你喜欢,这张就送给你吧。

B 的意思是"如果你喜欢,这张就送给你吧。"

不但"如果……就……"可以省略,别的关联词语也可以省略。例如:

(3)今天走明天走?

(3)="今天走还是明天走"。

(4)他有事不能来。

(4)=他因为有事,所以不能来。

指出下面的句子省略了什么?

A.如果……就……　　B.即使……也……　　C.因为……所以……

(1)A:我们的座位是楼上 3 排 12、14 座。演员的脸看得清楚看不清楚?

B:眼睛好看得清楚,眼睛不好看不清楚。

(2)A:他怎么没来?

275

B:他有病不能来了。

(3)A:明天去不去?

B:去。

A:下雨呢?

B:下雨也去。

(4)再热下去我可受不了了。

(5)A:我不想去。

B:你不想去也得去。

(6)A:你卖的瓜甜不甜?

B:当然甜,不甜不要钱。

216."谁知道"和"谁都知道"

[要点提示]"谁知道"和"谁都知道"完全不一样。

　　"谁知道"和"谁都知道"不一样。"谁知道"是一个疑问句,"谁都知道"不是疑问句,它的意思是"每个人都知道"。如,比较(1)和(2):

　　(1)——你们谁知道这件事?

　　　　——小王知道。

　　(2)——你们知道不知道这件事?

　　　　——当然知道。这件事我们谁都知道。

　　其他的疑问词,如:什么、怎么、哪、哪儿,也都可以这样用。如,比较(3)和(4)、(5)和(6)、(7)和(8)、(9)和(10)、(11)和(12):

"什么":

276

(3)——你早饭吃了什么？

　　——我早饭吃了鸡蛋和面包。

(4)——你早饭吃了什么？

　　——我早饭<u>什么也没吃</u>。

"什么时候":

(5)——你什么时候来？

　　——我明天来。

(6)——我今天去还是明天去？

　　——随便你，你<u>什么时候去都可以</u>。

"什么地方/哪儿":

(7)——你去过哪儿？

　　——我去过北京。

(8)——你去过哪儿？

　　——除了北京，我<u>哪儿也没去过</u>。

"怎么":

(9)——我们怎么去？

　　——我们坐公共汽车去。

(10)——我们骑自行车去还是坐公共汽车去？

　　——随便，<u>怎么去都行</u>。

"哪＋(一)＋量词＋名词":

(11)——你喜欢哪一件？

　　——我喜欢这件红的。

(12)——你喜欢哪一件？

　　——我<u>哪件也不喜欢</u>。

　　下面是一张表，A组是疑问句，问"谁"、"什么"、"怎么"等，B组是"每"、"都"的意思。

277

A. 谁
  什么
  怎么
  哪
	B. 谁
	  什么
	  怎么 $+ \cdots\cdots + 都/也\cdots\cdots$
	  哪

谁来了？ 你爱吃什么？ 你去过哪儿？ 我们怎么去？ 你喜欢哪件毛衣？	谁都来了。 我什么都爱吃。 我哪儿都去过。 我们怎么去都可以。 我哪件也不喜欢。

注意：在(B)组，"谁"、"什么"、"怎么"、"哪"都一定要放在"都/也"的前面。比较：

A	B
这三个人你认识谁？	这三个人我谁也不认识。
你喜欢吃什么？	我什么都喜欢吃。

用"谁"、"什么"、"怎么"、"哪"、"哪儿"填空：

(1)夜里如果停电的话，我们就＿＿＿也看不见了。

(2)除了北京以外，他＿＿＿也没去过。

(3)除了北京以外，他＿＿＿地方也没去过。

(4)除了北京以外，他＿＿＿个地方也没去过。

(5)这台电视机我＿＿＿修也修不好，真是没办法。

(6)我们几个眼睛都不太好，黑板上的字＿＿＿也看不清楚。

278

217."一个人也没来"和"有一个人没来"

[**要点提示**]"一个人也没来"和"有一个人没来"意思完全不一样。

"一个人也没来"和"有一个人没来"意思完全不一样：

一、"有一个人没来"的意思是：别的人都来了，只有一个人没有来。可以说"有一个……"、"有两个……"、"有三个……"。例如：

(1)有两位同学没来上课，其他同学都来了。

(2)房间里有三个同学正在看书。

(3)教室里有一张桌子坏了。

为什么前面用"有"呢？因为"两位"、"三个"、"一张"都是不确定的(indefinite)，汉语里一般只用确定的词语作主语，如果是不确定的，我们就在前面放上一个"有"学。

二、"一个人也没来"的意思是：大家都没有来。"一个人也没来"="连一个人也没来"="谁也没来"="都没来"。

(4)我昨天去他家，可是他们全家都出去了，一个也不在。

(5)今天早上我一洗完脸就去上课，一点儿东西也没吃。

(6)广东话我一句也听不懂。

把下面的句子改写成"一……也……"：

如：这件事我们班的同学全都不知道。

⇒这件事我们班的同学一个也不知道。

(1)公共汽车全都没来。⇒

(2)他不说话。⇒

(3)我现在不累。⇒

(4)我不喜欢这个电影。⇒

(5)这些人我都不认识⇒

(6)我现在没有钱。⇒

218."谁跟你说的"和"好像谁跟我说过"

[要点提示]疑问代词有的时候并不表示疑问。

下面的句子中疑问代词都表示疑问:

(1)这件事是谁跟你说的?

(2)跟客人一起吃饭的时候,主人该说点什么呢?

(3)我们在什么地方见面?

(4)你哪天有空儿?

但是,下面的句子中疑问代词都不表示疑问:

(5)这件事好像谁跟我说过。

(6)跟客人一起吃饭的时候,主人总得说点儿什么。

(7)我们是不是以前在什么地方见过面?

(8)你哪天有空了就到我家来玩吧。

(5)—(8)里的疑问代词都是"某个"的意思。因为想不起来,或说不清楚具体是什么,就用疑问代词来代替。(5)—(8)的意思是说:

280

(5′)这件事好像某个人跟我说过,可是我忘了是谁跟我说的。

(6′)跟客人一起吃饭的时候,主人总得说一些话。

(7′)我们是不是以前在某个地方见过面?

(8′)你有空儿的时候就到我家来玩吧。

219."我也没办法"和"我也没什么办法"

[**要点提示**]"我也没办法"和"我也没什么办法"意思一样。

我们知道,下面两句话的意思是不一样的:

(1)你有什么问题?

(2)你有什么问题吗?

前一句是特指问句,后一句是是非问句。"你有什么问题吗?"等于"你有问题吗"。在回答"你有什么问题吗"的时候,如果答案是否定的,可以说"我没有什么问题",意思就是"我没有问题"。

(3)——你有什么问题吗?

　　——我没什么问题。

因此,我们常常可以听到这样的话:

(4)我也没什么办法。

(5)我现在不想吃什么东西。

(6)我不买什么东西。

(7)我在那儿没看到什么人。

(8)你去的时候不用带什么东西。

220."他比我高一点儿",他高还是我高?

先看这样一句话:

(1)他在看我的照片。

请问,"他"在看什么?"看我"还是"看照片"? 你一定会回答:当然是"看照片",不是"看我"。对。这里"看"和"我"虽然连在一起,可是并没有直接的关系。

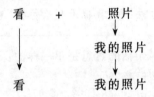

所以"看我的照片"是:

看	我的照片

不是:　　　※

看我	的照片

可见,连在一起的词语,在意思上不一定有直接的关系。再比较下面两句话:

(2)我高一点儿。

(3)他比我高一点儿。

在(2)里,"我"和"高一点儿"当然是有关系的,可是,在(3)里,"我"和"高一点儿"没有直接关系。"我"只跟"比"有关系。

282

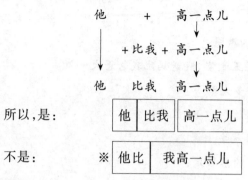

所以,是: | 他 | 比我 | 高一点儿 |

不是: ※ | 他比 | 我高一点儿 |

现在,你可以清楚了,"他比我高一点儿",谁高呢？当然是"他高"！

下面我们来看两个练习：

(4)我们八点＿＿＿课。

A. 钟　　B. 上。

如果你选 A,那就错了。为什么？我们不是可以说"八点钟"吗？是的,我们可以说"八点钟",也可以说"八点",但是,在这儿,不是：

※ | 八点钟 | 课 |

而应该是：

| 八点 | 上课 |

在这句话里,可以没有"钟",但一定要有"上"！

(5)"你写错字了"可以有哪两种读法？

①你写错|字了。

②你写|错字了。

第一种读法,"错"是"写"的结果补语。第二种读法,"错"是"字"的定语。读法不一样,句子的意思就有差别。句子中的补语,一定要跟前面的词语连在一起读。

_____

一、判断下列句子的意思：

1. 我爸爸今年五十岁，我妈妈比我爸爸大一岁。

   我妈妈今年多大？

   A. 四十九岁　　　B. 五十一岁

2. 我喝好咖啡就去上课。

   "喝好咖啡"的意思是：

   A. 喝好的咖啡　　B. 喝完咖啡

3. 这种咖啡味道不好，我不要喝。我要喝好咖啡。

   "喝好咖啡"的意思是：

   A. 喝好的咖啡　　B. 喝完咖啡

4. 他把我打了一顿。

   谁打谁？

   A. 他打我　　　　B. 我打他

5. 他正在为参加 HSK 考试认真复习。

   他正在干什么？

   A. 正在参加考试　B. 正在认真复习

二、选词填入句中：

   (1)我们坐在汽车里____外看。（面　　往）

   (2)厂里最近造了两____工人宿舍。（位　　幢）

   (3)房间里放着一____书桌。（本　　张）

221. "他是我的朋友,他是美国人,他现在在上海工作"。这样说好不好?

[**要点提示**]汉语里常常有省略现象。

比较:

(1)他是我的朋友,他是美国人,他现在在上海工作。

(2)他是我的朋友,美国人,现在在上海工作。

哪一句话好? 当然是(2)好。(2)只说了一个"他",后面不再重复。这叫省略(shěnglüè omit, omission)。汉语里常常有省略。

一、在对话里,常常有省略。例如:

(3)A:去哪儿? (⇐你去哪儿?)

B:北京。(⇐我去北京。)

(4)A:谁是你同屋?

B:王英。(⇐王英是我同屋。)

(5)A:你弟弟什么时候来?

B:明天。(⇐我弟弟明天来。)

二、在一段话里,常常有省略。例如:

(6)这个地方很安静,离市区也不太远,真不错。

(⇐这个地方很安静 + 这个地方离市区也不太远 + 这个地方真不错)

(7)吃了饭,又看了一会儿电视,他就上床睡觉了。

(⇐他吃了饭 + 他看了一会儿电视 + 他上床睡觉了)

(8)她买了一件毛衣,放在床上,丈夫看见了,说挺漂亮。

(⇐她买了一件毛衣 + 她把毛衣放在床上 + 她的丈夫看见了毛衣 + 她的丈夫说毛衣很漂亮)

222."一条河在我家前面"还是"我家前面有一条河?"

[要点提示]不能说:

> ※我家在郊区,一条河在我家前面,一个小山在我家后面,一个学校在我家东面,一个……。

如果请你介绍一下你家前后、左右有什么,你怎么说? 你说A、B、还是 C?

A.我家在郊区,一条河在我家前面,一个小山在我家后面,一个学校在我家东面,一个……

B.我家在郊区,河在我家前面,小山在我家后面,学校在我家东面……

C.我家在郊区,前面有一条河,后面有一个小山,东面有一个学校,……

这时,我们不能说 A 或 B 应该说 C。为什么呢? 因为:

一、放在动词前面的词语应该是确定的(quèdìng definite),这里"一条河、一个小山、一个学校……"都是不确定的,不能放在句子前面。所以,(A)是不对的。

二、在说一个句子时,我们总是先说大家都已经知道的东西,然后说新的内容、新信息(xìnxī information)

旧信息→新信息

这里"河、山、学校"都是对方不知道的东西,是新信息,应该放在句子的后面。所以不应该说(B)。

三、这一段话是介绍"我家",所以"我家"是这段话的话题(huàtí, topic)。话题应该放在句子前面。所以应该说:"我家……我家前面……我家后面……我家东面……"后边儿几个小句的"我

286

家"应该省略,这样,就成了:"我家……前面……后面……东面
……"

223."我买的那束花儿,他很喜欢",这里为什么用"的"不用"了"?

[**要点提示**]在汉语里,有时可以把宾语放在句子的开头,充当话题。

比较下面两句话:

(1)我买了一束花儿,他很喜欢。

(2)我买的那束花儿,他很喜欢。

(1)用"了",(2)用"的"。注意:(1)里是"一束花儿",(2)里是
"那束花儿"。为什么?

例句(1)有两个小句:

(a)我买了一束花儿+(b)他很喜欢(那束花儿)

例句(2)只有一个小句:

他很喜欢　我买的那束花儿

(2)里"我买的那束花儿"只是宾语,不是小句。"我买"是定
语,所以用"的"不用"了"。

在汉语里,有时可以把宾语放到主语的前面。例如:

(3)这个人你认识△吗?

这时,"这个人"是话题(topic)。放到前面去的宾语应该是确
定的(definite)。例如:

287

(4)这本书我看过,那本书我没看过。

(5)你的词典我可以用一下吗?

它不能是不确定的。如不能说:

(6)※一本词典我想买。

我们只能说:

(7)我想买一本词典。

这是因为"一本词典"是不确定的(indefinite)。

顺着前面的话说下去时,常常把宾语放到前面去。例如:

(8)——我有一个同屋。

——你同屋我见过△。

(9)——我想去买一张北京地图。

——北京地图我有△,送给你吧。

(10)我昨天在花店买了一束花儿。

我买的那束花儿,他很喜欢△。

224. 为什么要说"老王"、"小王",不能只说"王"?

[要点提示]不能说:

※这是我的朋友王,这是我的朋友李。

288

如果你的朋友姓"王",你可以叫他：

(1)小王,老王,王先生,王小姐,王阿姨,王伯伯,王师傅,
王经理……

但是,你不能只叫他"王":※王,你好!

不过,如果你的朋友姓"欧阳"、"诸葛"等复姓,你就只叫他"欧阳",不叫他"小欧阳"、"老欧阳"。这是因为,"王"只是一个字,所以我们需要在前面加上"小"、"老",让它变成两个字;"欧阳"已经是两个字了,就不用再加"老"、"小"了。在汉语里,有时候人们喜欢说两个字的词语,不喜欢说一个字的和三个字的。

再如:

(2)他在日本工作。

(3)他在德国工作。

第(2)句里没有"国",第(3)句里有"国"。我们也可以说"他在日本国工作",但我们常常只说"日本",不说"日本国"。可是,一定要说"德国",不能只说一个字"德"。

(4)※他在德工作。

再比较:

(5)桌子上放着一本书。

(6)桌上放着一本书。

(7)房间里放着一张桌子。

(8)※房间里放着一张桌。

在(6)里,"桌子上"⇒"桌上",三个字变成了两个字,没问题。在(8)里,"桌子"⇒"桌",两个字变成了一个字,那就不行了。

225. "昨夜"是什么意思？

"昨夜"="昨天夜里"。如：

(1)我昨夜一直没睡。

不过,这主要用在书面语。说的时候,一般说"昨天夜里",这样比较清楚;写的时候,可以写"昨夜",比较方便。但是,不能：

昨天夜里⇒※昨天夜

昨天夜里⇒※昨夜里

只能：

昨天夜里⇒昨夜

再如：

(2)我有的时候不去上课。

(3)我有时候不去上课。

(4)我有时不去上课。

"有的时候"="有时候"="有时",但不能说"有候"。

有些词,说起来是几个字,写起来可以只写一个字。请看下面的句子：

(5)已经写了一些,但未写完。(但=但是)

(6)如天好,我将去。(如=如果)

(7)考试时,请勿谈话。(……时=……的时候)

226."口"还是"嘴巴","日"还是"太阳"?

[**要点提示**]有的字可以单独成词,有的字不能单独成词。

对于刚刚开始学习汉语的同学,老师在教"吃"的时候,告诉他们"吃"的左边是一个"口","口"就是 mouth,吃东西当然要用"口",所以"吃"是"口字旁"。在教"明"的时候,又告诉学生,"明"的左边是"日","日"就是 the sun,所以很"明亮"。

后来,同学们又学到了"嘴巴"和"太阳",他们也是 mouth 和 the sun 的意思。因此:

口 = 嘴巴　　日 = 太阳

可是,在造句时出了问题。不能说:

(1)※请张大口。

(2)※今天没有日。

要说:

(3)※请张大嘴巴。

(4)今天没有太阳。

所以:

口 ≠ 嘴巴　　　日 ≠ 太阳

这是怎么回事呢?

原来,这是因为古代和现代人的说法不一样。古代人说"口",现在我们说"嘴巴";古代人说"日",现在我们说"太阳"。

那么,"口"、"日"是不是没用了呢?不是,"口"、"日"这两个字没有死。第一,它们作为字的一部分还活着,例如,现在我们用的字:吃、喝、吗……明、照、昨、时……里面都有"口"、"日"。第二,它们作为词的一部分还活着,例:胃口、人口、口语、口令……今日、生日、日子、日历……里面都有"口"、"日"。只是,我们现在一般不能单独用"口"、"日"了。知道了"口"、"日"的意思,能帮助我们理解、记忆含有"口"、"日"的字和词。

这样的例子还有很多,同学们在学习汉语时应该注意。

227. "贵姓"的"姓"和"高兴"的"兴"都读 xìng,为什么汉字不一样?

[要点提示]汉语有同音字。

差不多每一个汉字都是有意思的。有的词由一个汉字组成,如"好"、"高";有的词由两个汉字组成,如"朋友"、"老师"。这里的"朋"、"友"、"老"、"师"都有自己的意思。"姓"(xìng)和"兴"(xìng)也有自己的意思。它们的意思不一样,所以写法也不一样。读音相同,写法不同,这样的字叫"同音字"(homonym)。同样,在英语里,right 和 write 读音相同,都是[rait],但写法不同,因为意思不一样。

汉语里有很多同音字,如 yán:颜、言、研、盐、严、沿……如果只说 yán,别人会听不懂,问:"什么 yán?"你就告诉他:"'颜色'的'颜'",或者:"'语言'的'言'"……如:

(1)——你叫什么名字?

　　——我叫严友,严格的严,朋友的友。

学习汉字、练习汉字时,老师常常让同学们"组词",如:

　　严＿＿＿＿　言＿＿＿＿

用"严"可以组成:严格、严密、严肃……;用"言"可以组成:语言、方言……。这是学习汉字的一个好办法。通过组词,还可以增加词汇量,准确地辨别词义。

组词:

半_____　　变_____　　名_____　　里_____

办_____　　遍_____　　明_____　　理_____

新_____　　雨_____　　在_____

心_____　　语_____　　再_____

已_____　　青_____

以_____　　轻_____

228."地"这个字念 dì 还是念 de?

[**要点提示**]汉语有多音字。

"地"可以念 dì,也可以念 de。有的时候念 dì,有的时候念 de。如:

(1)你住在什么地方(dìfang)?

(2)他慢慢儿地(mànmānrde)过来了。

一个字有几个读者,这样的字叫"多音字"。一个字在不同的地方有不同的读音,那是因为它的意思、用法不一样了。

再看一个例子:"都"。

(3)他们都(dōu)来了。

(4)北京是中国的首都(shǒudū)。

_____

给下面加点的字注音：

(1)作为一个学生，就得好好学习。

(2)因为他们俩长得很像，我常常分不清谁是哥哥谁是弟弟。

(3)经过长时间的努力学习，他终于取得了 HSK 八级证书。

(4)只要一听音乐，他就快乐起来了。

(5)请你数一下人数。

(6)这儿的春天和冬天都很暖和。

(7)动物园里只有一只熊猫。

(8)我们一定要尽力满足顾客的要求。

(9)这个地方交通很方便，东西也很便宜。

(10)他骑自行车去银行。

(11)你在干什么？

(12)屋里真干净！

(13)别着急，车马上就来。

(14)外面下着雨呢。

(15)这位教师教得很好。

正音辨词练习

朗读下列词语,注意词语的发音区别和词义的差异。

一、声母:

(1)送气音 p t k 和不送气音 b d g 的练习

fēnbèi(分贝)　piànzi(骗子)　bíyán(鼻炎)　hàipà(害怕)

fēnpèi(分配)　biànzi(辫子)　píyán(皮炎)　hǎibá(海拔)

bàngjíle(棒极了)　lǎobóbo(老伯伯)　yìbiān(一边)

pàngjíle(胖极了)　lǎopópo(老婆婆)　yìpiān(一篇)

pǔdōng(浦东)　　dúshū(读书)　　diàodòng(调动)

pǔtōng(普通)　　túshū(图书)　　tiàodòng(跳动)

duìhuà(对话)　　duìhuàn(兑换)　　dānwèi(单位)

tuìhuà(退化)　　tuìhuàn(退换)　　tānwèi(摊位)

dānxīn(担心)　　xīndòng(心动)　　diàoxiàqù(掉下去)

tānxīn(贪心)　　xīntòng(心痛)　　tiàoxiàqù(跳下去)

guānxīn(关心)　　gǔlì(鼓励)　　tàiguàile(太怪了)

kuānxīn(宽心)　　kǔlì(苦力)　　tàikuàile(太快了)

gǎozāole(搞糟了)　　　　qǔkuǎnzi(取款子)

kǎozāole(考糟了)　　　　qùguǎnzi(去馆子)

guīxīn(归心)   gèrén(各人)
kuīxīn(亏心)   kèrén(客人)

(2) j q x 和 z c s zh ch sh 的练习。请注意：

　1. z c s zh ch sh 不可以跟韵母 ü 拼读，也不可以跟第一
　　　个字母是 i 或 ü 的韵母（ia ie iao iou ian in ing iang
　　　iong üan üen）拼读。

　2. j q x 不可以跟韵母 u 拼读，也不可以跟第一个字母是 u
　　　的韵母（ua uo uai uei uan uen uang ueng）拼读。

　3. q c ch 是送气音，j z zh 是不送气音。

j—zh、z
záji(杂技)   jídù(嫉妒)   zhǔjī(主机)
zázhì(杂志)   zhìdù(制度)   zǔzhī(组织)

jiāoqì(娇气)   jìxù(继续)   jìliàng(剂量)
zhāoqì(朝气)   zhìxù(秩序)   zhìliàng(质量)

jīngjì(经济)   jīqì(机器)   jiāodài(交代)
jīngzhì(精致)   zhìqì(志气)   zhāodài(招待)

shēngjí(升级)   jiàqī(假期)   jīngmíng(精明)
shēngzhí(升值)   zhájī(炸鸡)   zhèngmíng(证明)

gǎijìn(改进)   jīngquè(精确)   jīngcháng(经常)
gǎizhèng(改正)   zhèngquè(正确)   zhèngcháng(正常)

zhúzi(竹子)
júzi(橘子)

296

jiāojí(焦急)　　　jiǎnjià(减价)　　　xiǎojiāng(小江)
zháojí(着急)　　　zhǎngjià(涨价)　　　xiǎozhāng(小张)

tóujī(投机)　　　gōngjī(公鸡)　　　jīběn(基本)
tóuzī(投资)　　　gōngzī(工资)　　　zīběn(资本)

x—sh、s
tàixiǎaole(太小了)　　xiàchē(下车)　　　xīfú(西服)
tàishǎole(太少了)　　shāchē(刹车)　　　shīfu(师傅)

xiāngxìn(相信)　　　xiāngxià(乡下)　　　xiāzi(瞎子)
shāngxīn(伤心)　　　shàngxià(上下)　　　shāzi(沙子)

jiǔxí(酒席)　　　xīwàng(希望)　　　xiāohuǐ(销毁)
jiǔshí(九十)　　　shīwàng(失望)　　　shāohuǐ(烧毁)

xīnqiè(心切)　　　zǐxì(仔细)　　　jìxù(继续)
shēnqiè(深切)　　　zhǐshì(只是)　　　jìshù(技术)

xuéxí(学习)　　　xīguā(西瓜)　　　guānxì(关系)
shúxī(熟悉)　　　sīguā(丝瓜)　　　guānsi(官司)

j q—ch c
qízi(旗子)　　　diànqì(电气)　　　xīnqiáo(新桥)
chízi(池子)　　　diànchí(电池)　　　xīncháo(新潮)

quánpiào(全票)　　qīqì(漆器)　　　qìhòu(气候)
chuánpiào(船票)　　cíqì(瓷器)　　　cìhòu(伺候)

297

jiājù(家具)　　　jiǎnjià(减价)　　　yǎnjiǎng(演讲)
chājù(差距)　　　jiǎnchá(检查)　　　yáncháng(延长)

qǐngjià(请假)　　　jiàoshī(教师)　　　jīnlǎoshī(金老师)
jǐngchá(警察)　　　cháoshī(潮湿)　　　chénlǎoshī(陈老师)

jiāojí(焦急)　　　qíngxù(情绪)
chāojí(超级)　　　chéngxù(程序)

(3)p h f 的练习
p—h
pòhuài(破坏)　　　pínghéng(平衡)　　　pèihé(配合)
hàipà(害怕)　　　hépíng(和平)　　　huàpiàn(画片)

h—f
huīfù(恢复)　　　héfǎ(合法)　　　hùfǎng(互访)
huàféi(化肥)　　　fúhào(符号)　　　fēnghuà(风化)
fèihuà(废话)　　　fànghuǒ(放火)　　　fāhuāng(发慌)

f—p
fēnpèi(分配)　　　fúpín(扶贫)　　　féipàng(肥胖)
pèifú(佩服)　　　píngfāng(平方)　　　pīfā(批发)

f—f
fǎngfú(仿佛)　　　fǎnfù(反复)　　　fāngfǎ(方法)
fāfú(发福)　　　fùfèi(付费)　　　fēngfù(丰富)

h—h

　　hòuhuǐ(后悔)　　　　huánghūn(黄昏)　　　hùnhé(混合)
　　huǎnhé(缓和)　　　　huīhuáng(辉煌)　　　hēihǎi(黑海)

二、韵母：

(1)"e"不读[ɛ]

　　hégé(合格)　　　　　kèchē(客车)　　　　tèsè(特色)
　　hēkělè(喝可乐)　　　èle(饿了)　　　　　gézhehé(隔着河)

(2)"ian"中间的字母"a"不读"a"。不要把"ian"写成"ien"

　　xiànxiàng(现象)　　　jiānqiáng(坚强)　　　miǎnqiǎng(勉强)
　　yǎnjiǎng(演讲)　　　　biānjiāng(边疆)　　　xiǎngniàn(想念)
　　liǎngbiān(两边)　　　　xiàngliàn(项链)　　　xiāngyān(香烟)
　　liángmián(粮棉)　　　　qiǎngxiǎn(抢险)　　　xiàngpiàn(相片)

(3)i 和 ü 的练习

　　jìjié(季节)　　　　　xìliè(系列)　　　　　yìqì(义气)
　　jùjué(拒绝)　　　　　xùliè(序列)　　　　　yùqì(玉器)

　　yìyǎn(义演)　　　　　yìjiàn(意见)　　　　　xīyào(西药)
　　yùyǎn(预演)　　　　　yùjiàn(遇见)　　　　　xūyào(需要)

　　qìwèi(气味)　　　　　xìshuō(细说)　　　　　qìxiàng(气象)
　　qùwèi(趣味)　　　　　xùshuō(叙说)　　　　　qùxiàng(去向)

　　jíxiàn(极限)　　　　　jìrán(既然)　　　　　gōngjī(公鸡)
　　júxiàn(局限)　　　　　jūrán(居然)　　　　　gōngjù(工具)

299

xìxīn(细心)　　　dàyī(大衣)　　　míngyì(名义)
xūxīn(虚心)　　　dàyú(大鱼)　　　míngyù(名誉)

yìngyòng(应用)　　jīngfèi(经费)　　tōngxìn(通信)
yùnyòng(运用)　　jūnfèi(军费)　　tōngxùn(通讯)

yánfèn(盐分)　　　shìjiàn(事件)　　qiántiān(前天)
yuánfèn(缘份)　　shìjuàn(试卷)　　quántiān(全天)

jiéjiāo(结交)　　　xiézi(鞋子)
juéjiāo(绝交)　　　xuēzi(靴子)

(4)u 和 ü 的练习
xiàwǔ(下午)　　　shǒushù(手术)　　jìlù(记录)
xiàyǔ(下雨)　　　shǒuxù(手续)　　jìlǜ(纪律)

jìshù(技术)　　　shūxīn(舒心)　　shùshuō(述说)
jìxù(继续)　　　xūxīn(虚心)　　xùshuō(叙说)

shùmù(树木)　　　jīyù(机遇)
xùmù(序幕)　　　jīwù(机务)

三、声调
(1)两个三声连读,前面一个三声读作二声:
kěyǐ(可以)　　　xǐzǎo(洗澡)　　　měihǎo(美好)
gǔlǎo(古老)　　　dǎrǎo(打扰)　　　bǎoxiǎn(保险)
fǔdǎo(辅导)　　　xiǎocǎo(小草)　　suǒyǐ(所以)
wǎndiǎn(晚点)　　yǒngyuǎn(永远)　　yǔfǎ(语法)

300

zhǎnlǎn(展览)　　　jiǎnshǎo(减少)　　　guǎnlǐ(管理)

(2)在一声、二声、四声、轻声前的三声,都读作半三声:

"三声"+"一声"

huǒchē(火车)　　　lǎoshī(老师)　　　běifāng(北方)

jǐnzhāng(紧张)　　　yǔyī(雨衣)　　　jiǎndān(简单)

shǒudū(首都)　　　guǎngdōng(广东)　　　měitiān(每天)

xǔduō(许多)　　　xiǎoshuō(小说)　　　dǔchē(堵车)

"三声"+"二声"

nǔhái(女孩)　　　lǎorén(老人)　　　gǎigé(改革)

jiǔlóu(酒楼)　　　cǎoméi(草莓)　　　jiějué(解决)

měiguó(美国)　　　kělián(可怜)　　　yǔyán(语言)

biǎodá(表达)　　　qǐchuáng(起床)　　　dǎoméi(倒霉)

"三声"+"四声"

gǎnxiè(感谢)　　　fǎngwèn(访问)　　　yǒuyì(友谊)

mǎlù(马路)　　　nǔlì(努力)　　　pǎobù(跑步)

tǔdì(土地)　　　zuǒyòu(左右)　　　měilì(美丽)

xiǎngniàn(想念)　　　zhǔyào(主要)　　　kěpà(可怕)

"三声"+"轻声"

jiějie(姐姐)　　　wǎnshang(晚上)　　　diǎnxin(点心)

nǎge(哪个)　　　jiǎozi(饺子)　　　wǒmen(我们)

liǎngge(两个)　　　běnzi(本子)　　　xǐhuan(喜欢)

(3)"不"的变调:"不"在四声前读作二声,在一声、二声、三声

前读作四声:

bújiànbúsàn(不见不散)　　　búkuàibúmàn(不快不慢)

bùhǎobúhuài（不好不坏）　　　　bùlěngbúrè（不冷不热）

bùzuǒbúyòu（不左不右）　　　　bùsānbúsì（不三不四）

bùwénbúwèn（不闻不问）　　　　bùféibúshòu（不肥不瘦）

bùgānbújìng（不干不净）　　　　bùchībúshuì（不吃不睡）

bùshuōbúxiào（不说不笑）

bùmíngbùbái（不明不白）　　　　bùhuāngbùmáng（不慌不忙）

bùzhībùjué（不知不觉）　　　　　bùduōbùshǎo（不多不少）

(4)"一"的变调："一"在四声前读作二声,在一声、二声、三声
　　前读作四声:

"一"＋"四声"

yíqiè（一切）　　　　yíkuài（一块）　　　　yíxià（一下）

yígòng（一共）　　　　yíbiàn（一遍）　　　　yícì（一次）

yídìng（一定）　　　　yíjiàn（一件）　　　　yíliàng（一辆）

"一"＋"一声"

yìtiān（一天）　　　　yìbēi（一杯）　　　　yìbiān（一边）

yìbān（一般）　　　　yìshēng（一生）

"一"＋"二声"

yìnián（一年）　　　　yìpái（一排）　　　　yìpíng（一瓶）

yìzhí（一直）

"一"＋"三声"

yìqǐ（一起）　　　　yìdiǎn'r（一点儿）　　yìběn（一本）

yìwǎn（一碗）

yìshēngyíshì（一生一世）　　　yìjǔyídòng（一举一动）

302

yìmúyíyàng（一模一样）　　yìxīnyíyì（一心一意）

yìbǐyíhuà（一笔一划）　　yídàyìxiǎo（一大一小）

yízìyíjù（一字一句）　　yíchàngyíhè（一唱一和）

yìchángyìduǎn（一长一短）　　yìgāoyì'ǎi（一高一矮）

yìsīyìháo（一丝一毫）　　yìwǔyìshí（一五一十）

yìyányìxíng（一言一行）

部分练习参考答案

（前面的数字是篇目的序号）

4 (1)告诉 (2)告诉 (3)说 (4)说说 (5)告诉

6 (1)知道 (2)认识 (3)知道 (4)认识 (5)认识、知道、熟悉 (6)认识、熟悉

8 (1)以为 (2)以为 (3)认为 (4)以为、认为

9 (1)了解 (2)理解 (3)理解 (4)了解 (5)理解

10 (1)变成、变成 (2)变 (3)变化 (4)变、变

11 (1)表示 (2)表达 (3)表示 (4)表现 (5)表达 (6)表达

13 (1)感动 (2)激动 (3)感动 (4)激动

17 (1)利用 (2)使用 (3)利用 (4)使用、运用 (5)运用 (6)利用

21 (1)严格 (2)严肃 (3)严厉 (4)严格 (5)严肃 (6)严厉

24 (1)恨不得 (2)巴不得 (3)恨不得 (4)巴不得

25 (1)不得不 (2)不由得 (3)不得不 (4)不由得 (5)不得不

26 (1)1号 14号 14号 15号 (2)8号 14号 14号 21号

29 (1)分种 (2)分 (3)小时 (4)点钟 (5)小时 (6)刻 (7)刻钟

31 (1)二 (2)两 (3)两 (4)二 (5)两 (6)二 (7)两

32 (1) B (2) B (3) A (4) B (5) A (6) B (7) B

33 (1) B (2) B (3) B (4) B

34 (1)前后 (2)左右/前后 (3)左右 (4)左右/上下

35 (1)把 (2)来 (3)左右 (4)来 (5)把 (6)左右

36 (1)不对 (2)不对 (3)不对 (4)不对 (5)对 (6)对

37 (1)我家里人很少 (2)我们班有很多学生 (3)他的书比较多 (4)这个书店书不多 (5)这个书店书很少 (6)北海道冬天常常下雪 (7)上课的时候,他常常说话

38 (1)三倍 (2)三分之一 (3)两倍 (4)6000 辆

39 (一)(1)一年,一个月,一天 (2)一年半 (3)一个半月 (4)一天半 (5)一个半小时

(二)(1)A 对 (2)A 对 (3)B 对

41 (1)遍 (2)次 (3)遍 (4)次 (5)次,次 (6)遍

46 (1)什么 (2)哪 (3)哪 (4)什么 (5)哪 (6)哪 (7)哪 (8)哪 (9)什么

47 (1)怎么 (2)什么 (3)什么 (4)怎么 (5)什么

50 (1)前面 (2)上 (3)上 (4)外面 (5)中间 (6)上/下 (7)那儿 (8)这儿 (9)那儿

54 (一)(1)B (2)B (3)A,A (4)A (5)B

55 (1)离 (2)从 (3)离 (4)从 (5)从

56 (1)朝 (2)往/朝/向 (3)向/朝 (4)往 (5)往 (6)朝/向 (7)朝/向/往

58 (1)、(2)、(3)、(4)、(5)只能用"对" (6)"对"、"对于" (2)、(3)、(4)、(5)经过改动可以用"对于"

59 (1)对于 (2)关于 (3)关于 (4)对于 (5)关于 (6)关于

60 (2)他在哪儿工作 (3)其他的河流 (4)住哪个房间

61 (1)通过 (2)通过 (3)经过 (4)经过

62 (1)根据 (2)根据 (3)按照 (4)按照

64 (1)吗 (2)呢 (3)呢 (4)呢 (5)吗 (6)呢 (7)呢 (8)吗

66 (1)我的鞋子在哪儿 (2)你什么时候去 (3)你同屋在那儿 (4)后天干什么

69	(1)这些书我都读过　(2)你都读过哪些书　(3)他们我都认识　(4)你都认识谁　(5)我们都认识他

69　(1)这些书我都读过　(2)你都读过哪些书　(3)他们我都认识　(4)你都认识谁　(5)我们都认识他

70　(1)没　(2)没　(3)不　(4)不　(5)没　(6)不　(7)不　(8)没

73　(1)怎么样　(2)为什么　(3)觉得奇怪　(4)不太　(5)反问

74　(1)有点儿　(2)有点儿　(3)一点儿　(4)一点儿　(5)有点儿　(6)一点儿　(7)一点儿　(8)一点儿　(9)一点儿

78　(1)又　(2)再　(3)又　(4)再　(5)又,又　(6)再,再

79　(1)还　(2)再　(3)再　(4)还　(5)还,再

81　(1)后天再考　(2)等一会儿再去　(3)后天再来

82　(1)就　(2)才　(3)才　(4)就　(5)就,才　(6)才

83　(1)都　(2)才　(3)都　(4)才

84　(1) C　(2) D　(3) B　(4) A　(5) B　(6) B　(7) A/D

88　(1)又　(2)还　(3)还　(4)还　(5)又　(6)又　(7)又

89　(1)刚才　(2)刚刚　(3)刚刚　(4)刚才　(5)刚刚　(6)刚才　(7)刚刚　(8)刚才

97　(1)汽车开得越来越快　　(2)越到夏天,人们就穿得越少　(3)中国发展得越来越快　(4)你说得越多,就说得越好

98　(1)确实　(2)实在　(3)确实　(4)实在

99　(1)能　(2)能　(3)能　(4)会　(5)能　(6)会,会　(7)会　(8)能　(9)能/会,能

107　(2)是很便宜　(3)是很忙　(4)是太冷

108　可以重叠:认真　舒服　凉快　安静　干净　健康　清楚　简单

109　(3)通红通红　(4)干干净净　(5)雪白雪白　(6)漆黑漆黑　(7)清清楚楚　(8)火红火红

110　(1)那个老人慢慢儿地走过来了。　(2)街上不太热闹　(3)房间里非常干净　(4)她的脸冻得通红通红的

111　(1)尝尝　(2)休息休息　(3)睡睡,聊聊　(4)做,洗　(5)查了查　(6)开(一)开　(7)看了看,问了问　(8)看(一)看,了

解了解

117　(2)现在看得懂了　(3)现在成了大人了　(4)现在睡得早了　(5)今天没了　(6)可以了

121　(1)A　(2)A　(3)B　(4)A

122　(1)了,的　(2)了,的　(3)了　(4)的

125　(1)B　(2)B　(3)C　(4)B　(5)C

126　(1)A　(2)B　(3)B　(4)B　(5)A　(6)A

130　(1)唱着歌　(2)手里拿着一个茶杯　(3)笑着　(4)带着一个小孩子　(5)低着头

131　(1)了,了,了　(2)过　(3)了,了　(4)过　(5)了,了　(6)过/了

132　(1)过,过　(2)了　(3)过　(4)了　(5)过,了

134　(1)看起书来　(2)写起小说来了　(3)谈起工作来了　(4)哭起来了　(5)热起来了　(6)吵起架来了

138　(1)他昨天跟他的中国老师见了面。　(2)你什么时候跟她结婚　(3)你千万别生我的气　(4)请你帮我一个忙　(5)我要请他客　(6)他复旦大学毕业的　(7)我们跟你开玩笑

140　(1)谈了很多话　(2)唱一个歌　(3)见一次面　(4)上三个小时(的)课　(5)见过面　(6)睡一觉　(7)理完发以后

141　(1)得　(2)的　(3)的　(4)地　(5)得　(6)地　(7)的　(8)得

144　(1)的　(2)ø　(3)ø　(4)的　(5)ø　(6)的　(7)ø　(8)ø　(9)的

145　(1)他是我的好朋友　(2)他是我(的)最好的朋友　(3)干干净净的桌子上,放着一本新词典　(4)我家前面有一个大商店　(5)我家前面有一个不太大的商店　(6)他总是买便宜的东西,从来不买贵的东西　(7)那条小河里有鱼　(8)这是一件大事,一件重要的事

146 (一)(1)他说的话很清楚 (2)今天放的电影很有意思 (3)我今天下午要去见的那个人是一位著名教授 (4)昨天上午去上课的学生不多 (5)我在香港的弟弟明天来看我

(二)(2)刚才跟你打招呼的 (3)穿红大衣的……

147 (2)他那本汉英词典 (3)他们班那几个特别聪明的学生 (4)她的一条红裙子 (5)图书馆的新书

148 (2)雄伟的高山 (3)一张重要的旧报纸 (4)我那位特别热情的老朋友

149 (2)他们厂一位年轻的卡车司机 (3)山上那间圆顶的木头小屋

152 (1)B (2)A (3)B (4)C (5)B (6)B

154 (1)B (2)A (3)B (4)B

158 (1)多高兴 (2)不错 (3)很有意思 (4)很早 (5)好极了 (6)干干净净 (7)连吃饭也忘了 (8)跳了起来 (9)十分漂亮

159 (2)他开汽车开得很快 (3)他讲故事讲得很流利 (4)他打扫房间打扫得很干净 (5)他吃饭吃得很多 (6)他起床起得很早 (7)他睡觉睡得很晚 (8)她跳舞跳得很优美 (9)他考试考得很不错 (10)他跑步跑得很快

160 (1)B (2)B (3)B,A (4)A (5)B

162 (1)B (2)A (3)A (4)B (5)B (6)A (7)B (8)A

165 (1)到 (2)起,起 (3)起 (4)到

166 (1)A (2)B (3)B (4)A (5)A (6)B

167 (1)B (2)C (3)B (4)A (5)C (6)B (7)C

168 (3)他去日本三年了 (4)他教了三年汉语了 (5)他起床一个小时了 (6)他学开车学了三个月了 (7)他学会开车三个月了

169 (1)回家来了 (2)下楼去了 (3)要回宿舍去 (4)走过马路来了 (5)开进山里来了 (6)跑出房间来 (7)爬上树去 (8)放进包里去

172 (1)赶不上 没赶上14次车 (2)来不及 没来得及坐14次车 (3)"来不及","赶不上"都可以 "没来得及回家吃饭""没赶上回家吃饭" (4)来不及 (5)来不及 没来得及讲完课 (6)赶不上

173 (1)他站起来出去买菜 (2)他去花店买一束鲜花送给女朋友 (3)我们下午坐汽车去参观工厂 (4)他要去小卖部买瓶啤酒喝 (5)他拿着一本书走进教室 (6)这小孩子想去公园骑马 (7)这小孩子每天骑马去学校上课

174 (1)我们明天不去西安旅行 (2)我们不坐汽车去参观工厂 (3)我昨天没去商店买毛衣 (4)我没去西安旅行过

176 (1)他把杯子打碎了 (2)他把桌子搬到院子里 (3)他把那个字的意思解释得清清楚楚

179 (1)扔 (2)借 (3)递 (4)搬 (5)挂 (6)写

180 (1)上 (2)出去 (3)一下 (4)给别人了 (5)干净 (6)了

184 (1)他没把…… (2)你可不可以把…… (3)照相机昨天被他…… (4)我马上就把…… (5)我已经把……

189 (1)放 (2)停 (3)写 (4)挂 (5)站 (6)躺 (7)放

191 (1)他起床起得比我晚/他起床比我起得晚
(2)他吃饭吃得比我多/他吃饭比我吃得多
(3)他爬山爬得比我高/他爬山比我爬得高
(4)他踢球踢得比我好得多/他踢球比我踢得好得多

192 (1)他比我早起一个半小时 (2)晚来一天 (3)他比我多学了半年 (4)少做了一个练习

193 (1)冷一点儿,暖和一点儿 (2)重一点儿,轻一点儿 (3)

(起得)早一点儿,(起得)晚一点儿 (4)少一点儿,多一点儿

194 (1)还冷 (2)还重 (3)(起得)更早 (4)还多

195 (1)冷多了,暖和多了 (2)重多了,轻多了 (3)(起得)早得多,(起得)晚得多 (4)少得多,多得多

196 (1)这么 (2)那么 (3)这么 (4)那么

197 (1)B (2)C

201 (1)明天我要工作,晚上还要去看朋友 (2)这件衣服很便宜,也很漂亮 (3)他是我朋友,也是我老师 (4)我会说英语,还会说法语 (5)我去过北京,还去过上海

202 (1)还 (2)也

203 (1)、(3)、(4)用"还是"不对。

205 (1)B (2)B (3)B (4)A (5)A (6)A,B (7)A,B

207 (1)只要……就…… (2)只有……才……
   (3)只要……就…… (4)只有……才……

208 (1)不是……而是…… (2)不是……就是……
   (3)不是……就是…… (4)不是……而是……

209 (1)如果……就…… (2)即使……也……
   (3)如果……就…… (4)即使……也……
   (5)如果

210 (1)既然 (2)因为 (3)既然 (4)因为

213 (1)不管 (2)尽管 (3)不管 (4)尽管 (5)不管 (6)不管

215 (1)A (2)C (3)B (4)A (5)B (6)A

216 (1)什么 (2)哪儿 (3)什么 (4)哪 (5)怎么 (6)谁

217 (1)公共汽车一辆也没来 (2)他一句话也不说 (3)我现在一点儿也不累 (4)我一点儿也不喜欢这个电影 (5)这些人我一个也不认识 (6)我现在一分钱也没有

220 (一)(1)B (2)B (3)A (4)A (5)B
   (二)(1)往 (2)幢 (3)张

索　引

（词条后面的数字是篇目的序号）

311

315

后　　记

　　《外国人学汉语难点释疑》是一本供初、中级汉语水平的外国人阅读的参考书,也可作为对外汉语教师及其他本国人辅导外国人学汉语时的参考用书。

　　全书收入的 200 多个条目,都是在对外汉语教学实践中经常遇到、学生非常感兴趣的问题。我们按照词汇、语法、语音、文字的顺序排列,其中语法部分又按词法、句法、语篇表达排列。由于本书没有翻译(个别较难的词语有英文注释),所以我们尽量少用语法术语,语言力求浅显。对问题的说明不求面面俱到,而是择要而谈,重在别正误,辨异同,用典型例句来启发学生,使他们既知其然,又知其所以然。为了便于表达、加深理解、帮助记忆,部分条目采用了图解、表格、公式等形式。大部分篇目附有练习题,书后有练习答案和索引,便于查阅。

　　本书参考了大量的研究文献,吸收了最新的研究成果,反映出我们自己的研究心得。由于特别注重针对性和实用性,本书在语法的系统性上难免照顾不周,语言也可能显得平淡无味。如有不妥之处,敬请各位学者同仁批评指正。本书的出版,得到了北京语言文化大学出版社的大力支持,日本关西大学中文系毕业生佐佐木荣女士也十分热心于本书的出版,特介绍她的同学平野和代女士为本书绘制了生动形象的插图。在此,谨向他们表示诚挚的谢意。

作者

1997 年 12 月

主要参考文献

曹逢甫《主题在汉语中的功能研究》,语文出版社 1995

房玉清《实用汉语语法》,北京语言学院出版社 1992

复旦大学国际文化交流学院《新汉语课本》,复旦大学出版社 1990

国家对外汉语教学领导小组办公室汉语水平考试部

      《汉语水平等级标准与语法等级大纲》,高等教育出版社 1996

金立鑫《"把 OV 在 L"的语义、句法、语用分析》,《中国语文》1993-5

金立鑫《关于疑问句中的"呢"》,《语言教学与研究》1996-4

李大忠《外国人学汉语语法偏误分析》,北京语言文化大学出版社 1996

李晓琪《中介语与汉语虚词教学》,《世界汉语教学》1995-4

刘月华等《实用现代汉语语法》,外语教学与研究出版社 1983

鲁健骥《状态补语的语境背景及其他》,《语言教学与研究》1982-1

鲁健骥《状语补语的句法、语义、语用分析在教学中的应用》,《语言教学与研

      究》1993 – 2

吕叔湘等《现代汉语八百词》,商务印书馆 1996

史有为《得说"不能来上课了"》,《汉语学习》1994-5

史有为《"好极了"、"好得很"之谜》,《汉语学习》1994-6

佟慧君《外国人学汉语病句分析》,北京语言学院出版社 1986

王   还《门外偶得集》(增订本),北京语言学院出版社 1994

吴中伟《论副词"再"的"推延"义》,《世界汉语教学》1997-3

苑锡群《汉英代词比较》,见《汉英对比论文集》,北京语言学院出版社 1993

赵元任《汉语口语语法》,吕叔湘译,商务印书馆 1979

郑懿德等《汉语语法难点释疑》,华语教学出版社 1992

中国科学院语言研究所词典编辑室《现代汉语词典》(修订本),商务印书馆 1996

周小兵《"比"字句否定形式的语用分析》,见邵敬敏主编《语法研究与语法应

      用》,北京语言学院出版社 1994

朱德熙《语法讲义》,商务印书馆 1984

石佩雯《汉语正音课本》,北京语言学院出版社 1983.1